Fernando Dolabela
AUTOR DO LIVRO *O SEGREDO DE LUÍSA*

CRIANÇAS SÃO EMPREEN DEDORAS

NA FORMAÇÃO EMPREENDEDORA, A FAMÍLIA É MAIS IMPORTANTE QUE A ESCOLA

Literare Books
INTERNATIONAL
BRASIL · EUROPA · USA · JAPÃO

Copyright© 2024 by Literare Books International
Todos os direitos desta edição são reservados à Literare Books International.

Presidente:
Mauricio Sita

Vice-presidente:
Alessandra Ksenhuck

Chief Product Officer:
Julyana Rosa

Diretora de projetos:
Gleide Santos

Capa, diagramação e projeto gráfico:
Gabriel Uchima

Editor júnior
Luis Gustavo da Silva Barboza

Foto da capa:
Freepik

Revisão:
Ivani Rezende

Chief Sales Officer:
Claudia Pires

Impressão:
Gráfica Paym

Dados Internacionais de Catalogação na Publicação (CIP)
(eDOC BRASIL, Belo Horizonte/MG)

D659c Dolabela, Fernando.
  Crianças são empreendedoras / Fernando Dolabela. – São Paulo, SP: Literare Books International, 2024.
  176 p. : 14 x 21 cm

  ISBN 978-65-5922-779-2

  1. Empreendedorismo. 2. Crianças empreendedoras. 3. Sucesso nos negócios. I. Título.

  CDD 658.4

Elaborado por Maurício Amormino Júnior – CRB6/2422

Literare Books International.
Alameda dos Guatás, 102 – Saúde – São Paulo, SP.
CEP 04053-040
Fone: +55 (0**11) 2659-0968
site: www.literarebooks.com.br
e-mail: literare@literarebooks.com.br

INTRODUÇÃO:
POR QUE HISTÓRIAS?

Em alguns dos meus livros, uso o estilo romance de não ficção, novelas carregadas de emoção, para descrever o empreendedor. As histórias são mais inspiradoras, melhor entendidas e mais facilmente recuperáveis pela memória do que o ensaio.

Guardamos histórias no coração, o lugar dos sonhos, e arquivamos os ensaios, fórmulas e números nas prateleiras da razão. O talento para contar histórias nos faz humanos. Como cada história tem a sua "moral", emoção e razão se misturam em uma sinergia mágica*.

No entanto, a educação formal insiste em manter a emoção distante do conteúdo. Quando não conhecemos a emoção que deu origem a uma obra, fica a impressão de que o trabalho dos grandes cientistas, artistas, escritores, empreendedores e todos os inovadores,

---

* Artigo de Claudio Moura Castro no jornal O Estado de S. Paulo.

foram fruto da rotina de gênios. Surge a equivocada suposição de que Einstein, Benjamin Franklin, Leonardo da Vinci e Steve Jobs transformaram o mundo com pouco esforço. A vida desses gênios nunca foi fácil. Eles sonharam, ousaram, criaram, erraram, sofreram e recomeçaram. O traço comum entre eles é a crença de que têm a capacidade de transformar o mundo; algo, penso eu, acessível a todos nós, os não gênios, que nos dispusermos a empreender.

Uma história sobre o sucesso de um empreendedor é riquíssima. Uma história que narra seus fracassos vale muito mais.

Este livro, que chama a atenção para uma prática adotada desde sempre pelos empreendedores – aprender com os erros –, é para ser lido por pais e crianças. De preferência, ao mesmo tempo, para que possam trocar ideias, desenvolver análises e expor interpretações. Crianças muito novas contarão com a ajuda dos pais. Ou melhor, os pais deverão implorar a ajuda das crianças, poderosas empreendedoras.

Fernando Dolabela

APRESENTAÇÃO

E ste livro entra nas conversas do dia a dia dos lares, principal fio que tece a cultura empreendedora. Foi escrito com um olho nos pais que não são empreendedores e com o coração aberto aos seus filhos pré-adolescentes.

O empreendedorismo, potencial esculpido no nosso DNA, que se torna disponível quando estimulado pela emoção é a matéria-prima usada pela natureza para dotar os humanos da capacidade de gerar crescimento econômico e melhorar as condições de vida no planeta.

Tradições, visão de mundo e costumes são valores culturais de uma dada comunidade, cidade, região ou país. O empreendedorismo também é um valor, uma forma de se ver o mundo, um modelo mental e, por esta razão, também é um fenômeno que se dissemina por meio do contágio social. A família é tão ou mais importante do que a escola na tarefa de desenvolver o potencial empreendedor das crianças.

No entanto, não se propõe um aumento das tarefas dos pais, mas uma simples troca de valores: comutar a chave da dependência e do emprego para a chave da autonomia e do empreendedorismo.

Os pais devem continuar a tentar entender as crianças e o seu universo de criatividade, inconformismo, rebeldia, do não saber que não pode, dos sonhos capazes de dar sentido à vida.

Lidar com crianças é como lidar com autênticos empreendedores. Esta é uma ótima oportunidade para os pais também desenvolverem seu potencial empreendedor.

AOS PAIS:

"Na era da informação e da inteligência artificial, ter todas as respostas não é mais o auge da sabedoria; é saber perguntar que faz a diferença. Em um mundo onde o conhecimento evolui a uma velocidade vertiginosa, as respostas de ontem podem não servir para amanhã. As perguntas certas abrem portas para novas ideias, desafiam o status quo e nos mantêm à frente em um mundo em constante mudança. Em suma, numa era onde a informação é abundante, mas o conhecimento é fluido, perguntar não é apenas poder – é progresso".

O texto anterior foi a resposta que me deu um algoritmo, o ChatGPT, à pergunta que lhe fiz:

"Por que saber perguntar, hoje, é mais importante do que saber responder?"

Pois bem, há séculos empreendedores se alimentam das perguntas e por isso são os mais preparados para os tempos que chegaram.

SUMÁRIO

CAPÍTULO 1:
COMO TUDO COMEÇA.
A MOTIVAÇÃO PARA EMPREENDER............ **13**

1.1. A história de André e
o caminhão do lixo...................................**15**

1.2. Qual a moral da história?.............**26**

1.3. Por que os pais não desejam
que André seja empreendedor? **30**

1.4. Os pais tinham razão?..................**33**

1.5. Um pequeno parêntese **35**

CAPÍTULO 2:
O QUE OS PAIS PODEM FAZER **37**

2.1. A criação da cultura
empreendedora na família..................**39**

2.2. Os objetivos da cultura
empreendedora **42**

2.3. A motivação em
primeiro lugar 47

2.4. Perguntas no lugar
de respostas 50

2.5. Como começar a agir 54

2.6. Observações sobre os sonhos 56

2.7. O estímulo ao ato de sonhar 59

2.8. Ética 60

CAPÍTULO 3:
HABILIDADES DO EMPREENDEDOR............ 63

3.1. Autoconhecimento 66

3.2. Conhecimento do setor
e capacidade de
encontrar problemas 69

3.3. Rede de relações 72

3.4. Aprender com os erros 75

3.5. Criatividade e inovação 80

3.6. Liderança 83

3.7. Capacidade de buscar e
gerenciar recursos................................85

3.8. Tolerância ao risco empreendedor 88

CAPÍTULO 4:
HISTÓRIAS PARA OS FILHOS (E PAIS) 91

4.1. Visita ao zoológico........................96

4.2. Duda e sua arte 104

4.3. Júlia, a menina que não parava quieta 107

4.4. Luísa e a goiabada 111

4.5. Toninho e a padaria....................116

4.6. O carrinho de rolimã................... 121

4.7. Limpeza Pura 131

4.8. Do outro lado do rio 139

4.9. "Empreender é assunto para criança"... 159

ANEXO: MAPA DOS SONHOS 165

Exercício para colocar os sonhos no papel 167

CAPÍTULO I

COMO TUDO COMEÇA. A MOTIVAÇÃO PARA EMPREENDER

A HISTÓRIA DE ANDRÉ E O CAMINHÃO DO LIXO

Esta primeira pequena história é simples, verossímil e familiar. Algumas pessoas me disseram que vivenciaram algo semelhante no próprio lar. É a principal história deste livro porque demonstra, com mais nitidez do que mil teorias, que o *homo sapiens* traz em si o germe do empreendedor. O empreendedorismo dificilmente se deixa explicar por meio de uma tese de doutorado, mas se mostra generosamente por uma pequena história porque ainda não foi engessado pela *megera cartesiana*.*

---

* Guimarães Rosa disse que os seus livros "são 'anti-intelectuais' porque defendem o altíssimo primado da intuição, da revelação, da inspiração, sobre o bruxulear presunçoso da inteligência reflexiva, da razão, a megera cartesiana". São palavras que ajudam na compreensão do trabalho do empreendedor. As sociedades criativas sabem que a emoção deve ser liberada. Infelizmente, na nossa cultura, ela é barrada na escola e no trabalho.

Abrem-se as cortinas para que entrem em cena André, de sete anos, e seus jovens pais, Rita e Rodrigo, um casal de engenheiros, de 36 anos*.

Na sexta-feira, antes das seis da tarde, atento, André ouve a chave na fechadura da cozinha. Corre para abrir a porta e dependura-se no pescoço do pai, os pés soltos no ar. Rodrigo sabia qual era a brincadeira e diz:
— *Perigo! Cuidado. Estamos à beira do precipício. Lá embaixo, jacarés famintos, serpentes venenosas e tigres ferozes vão comer quem cair. Não há jeito de escapar. Você tem que aguentar pelo menos até eu contar 20. Um, dois, três, quinze...*
As mãos de André deslizam pelo pescoço do pai. Antes que ele caísse no chão, Rodrigo o segura pela cintura.
— *Salvei a sua vida. Você está fraco, tem que comer mais filé.*

---

* Essa história foi publicada em materiais didáticos de minha autoria e utilizada, com modificações, no meu livro *Quero construir a minha história*.

— Não é filé, interveio Rita, a mãe. Agora, ele está na idade de comer feijão, que tem mais ferro.

Em André, os cabelos encaracolados, quase loiros, compunham com os olhos verdes um semblante que aprisionava qualquer olhar. A sua rebeldia, temperada pela inteligência e meiguice espontânea, fazia dele um sedutor irresistível. Sabia criar o próprio mundo sem deixar de atender com tolerância às exigências dos adultos. A sua pele, quando dourada pelo sol, transforma seus olhos em duas esmeraldas imensas.

— Papai, tenho uma coisa para lhe mostrar.

André correu até o quarto e voltou com um caminhão montado com lego.

— Que bonito, meu filho. É um caminhão de lixo completo. Tem até os lixeiros que colhem o lixo no passeio.

André apontou o dedo para quatro bonequinhos que pareciam correr atrás do caminhão.

— Pai, sabe uma coisa que inventei? Dentro do caminhão vai ter um raio laser para desintegrar o lixo que vai desaparecer e o caminhão não vai encher nunca.

Rodrigo estava acostumado com a criatividade de André, que inventava histórias, brinquedos, companheiros fictícios. Achou ousada a solução tecnológica.

— Que maravilha, André. Você merece um prêmio!

Rodrigo foi até o quarto e buscou uma miniatura do Porsche 48.

— Este modelo você não tem.

— Eba!

André agarrou-se ao novo brinquedo. Os pais, presos à própria conversa, não perceberam que ele adormecera no tapete, o Porsche 48 na mão.

Nas manhãs de sábado, verão ou inverno, André pulava na cama dos pais já equipado: calção de banho, roupão, bola, balde, pás e carrinhos. Naquela manhã, carregava também o caminhão de lixo com seu raio desintegrador.

— Acordem! Vamos para o clube!

Rodrigo levantou da cama com agilidade, mesmo tendo dormido poucas horas. Gostava de acordar com o sol. Abriu a cortina para a claridade entrar, fazendo Rita virar o corpo na cama. Em Belo Horizonte, a luminosidade das manhãs embrenhando-se nos vales e montanhas denuncia o mistério fabuloso do desconhecido; o horizonte vale a vida se nada mais der certo. À beira da piscina, André dirige o caminhão do lixo fazendo barulho de motor com a voz. Os dedos da mão esquerda simulam o ajudante correndo atrás. André faz o veículo colidir com os pés da mãe e do pai, refestelados nas espreguiçadeiras e diz:

— O meu sonho é ser motorista do caminhão do lixo.

Rita dirigiu-lhe um olhar de interrogação.

— O que disse, meu filho?

André, que queria chamar a atenção dos pais, repetiu, soletrando as palavras.

— Eu que-ro ser mo-to-ris-ta do ca-mi-nhão do li-xo!

E continuou:

— O caminhão do lixo é sensacional. Tem alavancas, ajudantes, o motorista controla tudo. Quando bloqueia o trânsito, ninguém buzina nem xinga. Todo mundo gosta porque limpa a cidade. Com o raio desintegrador, o meu caminhão vai ser o melhor. O meu sonho é ser motorista do caminhão do lixo.

Rita sentiu-se ultrajada. Rodrigo espantou-se com

o desejo de André, mas preferiu não dar importância. Achava natural que, tendo inventado um caminhão com raio "desintegrador", se imaginasse seu motorista. Um entusiasmo passageiro, próprio de uma criança. Afinal, aquele menino, como todos os demais, tinha vontades que vêm e vão como o vento e dizia tantas coisas sem sentido. André voltou à carga.

— Eu já fiz um plano. Primeiro, vou aprender a dirigir. Depois, vou aprender a mexer na alavanca. Depois, vou saber por onde o caminhão tem que passar para pegar o lixo. O pai de um colega meu tem um caminhão.

— Tudo bem, meu filho, depois falamos sobre isso. Rodrigo pulou na piscina levando André e iniciou uma guerra de água.

Rita aproveitou-se de um momento em que estava a sós com Rodrigo.

— Meu Deus, como essa criança pode ter um desejo desses!

— É fogo de palha. Crianças são assim mesmo, têm ideias malucas. Daqui a pouco ele esquece.

— Esquece nada! O André é teimoso. Quando mete

alguma coisa na cabeça, não tira. Você não devia ter estimulado... Até prêmio deu para o invento. Já viu os cadernos dele? Na última página, tem desenhos do caminhão do lixo, o trajeto que ele faz na cidade, o local onde joga o lixo, o raio desintegrador. Com o lego, fez também a garagem, a oficina, o lava a jato.

Rodrigo quis revidar.

— Isso parece influência de alguém da sua família que sabemos muito bem que é. Quem herda, não furta!

Rita resolveu calar-se. Tinha receios de que o espírito acomodado de Rodrigo fosse transmitido ao filho. Mas na sua família também existiam influências indesejáveis. Meu Deus, por que o lado negativo é o primeiro a ser transmitido?

— Acho que você deve ter uma conversa séria com André. É um papel de pai. Se não fizermos algo, vai ser um escândalo.

Rodrigo começou a ler o jornal.

— Ele vai esquecer.

Mas, na semana seguinte, o menino voltou à carga.

— Papai, o caminhão do lixo é muito bacana. O

motorista comanda tudo do volante, apertando botões. Eu vi como ele faz. O meu sonho é ser chofer do caminhão do lixo.

O menino era insistente, tinha realmente o desejo, admitiu Rodrigo. — Imagine — falou com seus botões — meu filho chofer de caminhão do lixo... Um vexame na família, um fracasso como pai. E eu certo de que ele seria engenheiro.

— Chofer de caminhão — Ouviu-se repetindo pelos cantos.

O que dizer ao filho? Como dizer? Preparou-se para o momento que, segundo ele, seria decisivo na vida do filho e, também, na sua enquanto pai. Pensou: "O que será dos filhos cujos pais não têm formação para encaminhá-los na vida?". Preparou-se com esmero. Enquanto fazia a barba, selecionou argumentos, escolheu palavras simples e ensaiou a conversa diante do espelho ajustando o tom da voz. Em um momento adequado, sentou o filho na ponta do joelho e falou de tal forma que a criança pudesse entender.

— Meu filho, você tem que abandonar o sonho de ser motorista do caminhão de lixo.

Viu os olhos de André arregalarem-se e prosseguiu escolhendo palavras adequadas ao filho.

— A vida de um motorista do caminhão de lixo é difícil. As pessoas dessa profissão, por terem salário baixo, não conseguem dar uma boa educação aos filhos, comprar brinquedos, roupas, tênis de marca, pagar aulas de violão e natação. Os motoristas de caminhão do lixo não têm condições de comprar uma boa casa, frequentar um clube, levar a família à praia nas férias.

Dissertou sobre inteligência artificial, sobre o novo cidadão do mundo, aquele capaz de se comunicar em diferentes línguas e de oferecer algo que interesse aos habitantes de outros países. Era isso que queria para seu filho. Mostrou que a profissão de motorista de caminhão de lixo não lhe permitiria usar toda a sua inteligência, sua criatividade.

— Esse sonho de ser chofer de caminhão não é bom para você. Como ainda é uma criança e não conhece a vida, fez uma escolha inadequada. Existem sonhos melhores: ser médico, engenheiro e advogado. Pode escolher entre esses.

André manteve os olhos arregalados, absorvendo cada palavra dita pelo pai. Teve ímpetos de interrompê-lo e dizer: "Mas papai, esse é o meu sonho, eu fico alegre quando vejo o caminhão do lixo. O meu coração dispara". Mas nada disse. Surpreendeu-se com a sabedoria do pai e se deixou convencer com a sua argumentação.

— Como meu pai sabe tanto das coisas do mundo, como ele sabe o que é bom e o que é ruim para mim! Sabe mais do que eu mesmo sobre o caminhão do lixo.

Rodrigo comemorou silenciosamente o efeito de suas palavras sobre o filho. Nos dias seguintes, Rita pôde constatar as consequências da conversa entre os dois. André andava pensativo, menos agitado. Olhava para os pais de forma diferente, como se tentasse decifrar o que passava nas suas cabeças. Segundo ela, Rodrigo havia desempenhado bem o papel de pai; não tinha dúvidas sobre o caminho que indicara ao filho.

Nas semanas seguintes, ao ver o caminhão do lixo, André levava a mão ao peito, tentando frear o coração. No mês seguinte, o seu coração agitou-se menos diante do caminhão. Tempos depois, ao ver o caminhão do *lixo, o menino percebeu que as batidas do seu coração não mais se alteravam. A emoção provocada pelo sonho de ser motorista de caminhão do lixo esvaecera-se.*

O pai supôs equivocadamente que André havia finalmente feito a travessia para o mundo da razão.

Mas o que acontecia, de fato, era que ele estava paralisado pelo poder do pai, maior do que o dele.

Naqueles dias, não escapou a Rodrigo, mesmo tendo diminuído a sua dedicação ao filho, que o menino andava diferente.

— Por que está chateado, meu filho? Se for por causa do caminhão do lixo, não precisa ficar triste. Você pode escolher entre várias profissões. Que tal ser engenheiro como o pai e a mãe?

André sentiu que a paixão, agora proibida, continuava no seu peito, embora não entendesse completamente porque era uma ameaça aos pais.

1.2 QUAL A MORAL DA HISTÓRIA?

O que mais surpreende nessa história é que ela não traz nada de novo. Ou seja, André, como todos os seres humanos, nasceu com o potencial empreendedor.

No entanto, precisamos ter olhos para enxergar que o óbvio pode trazer ensinamentos.

Veja, em parênteses, como se manifestam as habilidades naturais que configuram o empreendedor. É tão simples quanto parece.

— *Pai, sabe uma coisa que criei? Dentro do caminhão, vai ter um raio laser para desintegrar o lixo* **(capacidade de identificar problemas, criatividade para encontrar a solução)**. *Ele vai fazer o lixo desaparecer* **(inovação)**. *O caminhão nunca vai ficar cheio de lixo* **(liderança, poder de convencimento)**.

O meu sonho é ser motorista do caminhão do lixo. Eu acho que dou conta de fazer (**autoconhecimento: André sabe o que pode e não pode, o que quer e não quer, o que sabe e não sabe**).

(...)

— *O caminhão do lixo é útil porque limpa a cidade* (**ética, valor positivo para a comunidade**). *Com o raio desintegrador, o meu caminhão vai ser o melhor* (**conhecimento do setor, concorrência**). *O meu sonho é ser motorista do caminhão do lixo* (**sonho, paixão**).

(...)

— *Eu já fiz um plano. Primeiro, vou aprender a dirigir. Depois, vou aprender a mexer nas alavancas. Depois vou saber por onde o caminhão tem que passar para pegar o lixo* (**conhecimento do setor, planejamento**).

(...)

Pedi a alguns colegas para me ajudar, eles gostaram da ideia (**formação de equipe, liderança**). *O pai de um deles é pesquisador e vai explicar para a gente como* *funciona o laser* (**rede de relações**). *Vamos fazer uma vaquinha* (**buscar recursos para realizar o sonho**) *para comprar novos legos e pagar alguém para nos ajudar a fazer o projeto do desintegrador* (**inovação, redes, apoio de terceiros**).

(...)

Com o lego, fez também a garagem, a oficina, o lava a jato (**conhecimento do setor**).

(...)

— *E se você não conseguir, o que os colegas vão achar de você? Você vai devolver o dinheiro que eles lhe deram? E se o pai pesquisador disser que o desintegrador não é viável?* (**persistência, tolerância ao risco**).

Essas falas curtas mostram que a capacidade de se desenvolver as atitudes empreendedoras, descritas e apresentadas a seguir, estavam presentes em André:

- Autoconhecimento.
- Conhecimento do setor e capacidade de identificar problemas.
- Redes de relações.
- Aprendizado com os erros.
- Criatividade e inovação.
- Liderança.
- Busca e gerenciamento de recursos.
- Tolerância ao risco.

É sobre elas que vamos falar neste livro.

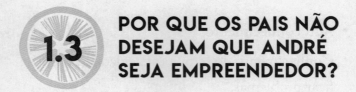

1.3 POR QUE OS PAIS NÃO DESEJAM QUE ANDRÉ SEJA EMPREENDEDOR?

O que aconteceu na conversa de André com o pai? Não houve um diálogo, porque só o pai discursou, um hábito quando se julga estar educando os filhos. O pai de André tentou inibir o potencial empreendedor da criança quando:

- Considerou inapropriado o sonho de André, duvidando da capacidade do filho de escolher o que era bom para si mesmo.

- Impediu que André desenvolvesse a capacidade de aprender com os próprios erros, como agem os empreendedores: fazendo, errando, refazendo.

- Não estimulou André a se autoavaliar. Empreendedores desenvolvem elevado grau de autoconfiança.

- Desconsiderou a força motivadora dos sonhos e da emoção que estes geram.

- Inibiu o impulso que leva à busca de conhecimentos: a paixão pelo caminhão de lixo alimentou em André a curiosidade de entender como o veículo funciona. André havia encontrado um problema e proposto uma solução.

- Duvidou de que o filho fosse capaz de ver o mundo com os próprios olhos e traçar o caminho da sua vida. Preferiu tutelar no lugar de ajudar André a desenvolver autonomia.

- Não ponderou que a emoção mostra aonde chegar; cabe à razão criar os caminhos para a realização do que foi ditado pela emoção.

E o mais prejudicial. André aprendeu que:

- Deveria, a cada sonho, a cada decisão, consultar os pais, porque eles sabiam muito.

- A escolha da sua profissão não lhe cabia. Sendo um tema puramente racional, a opinião dos pais que, aparentemente, conhecem o mercado de trabalho, seria mais valiosa do que a dele próprio.

- A definição de sua vida não partiria de dentro para fora, e sim no sentido contrário.

- Ele, André, deveria se moldar à profissão e não o contrário.

- Os sonhos não se aplicam à profissão, ao trabalho, mas a outras faces da vida.

Os pais não estimularam André a buscar o sonho, porque a cultura brasileira prefere, equivocadamente, a falsa estabilidade do empregado aos riscos do empreendedor.

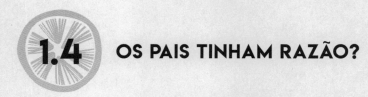

1.4 OS PAIS TINHAM RAZÃO?

Alguém poderá argumentar que os pais de André tinham mesmo que interferir, uma vez que a profissão de motorista não era a ideal para o filho. Como lidar com esse aparente paradoxo? Na verdade, não se trata de ter ou não razão. O que estava em jogo não era a racionalidade da escolha da criança (ser motorista do caminhão do lixo), mas o desenvolvimento da sua capacidade de ser autor dos próprios sonhos e assumir os riscos daí decorrentes.

Os impulsos empreendedores estão presentes em André (como em todas as crianças) de maneira espontânea. Conceber o futuro e transformá-lo em realidade é a essência da atividade empreendedora. André criou a imagem do que gostaria de ser no futuro e tentava transformá-la em realidade no momento em que foi desestimulado. A insegurança dos pais levou-os a terem uma atitude de tutela, com receio de que André, mesmo adulto, não soubesse escolher.

Conceber o futuro e transformá-lo em realidade é a essência da atividade empreendedora.

 ## UM PEQUENO PARÊNTESE

(*Não posso deixar de contar o final da história real de André. Sendo o foco deste livro o aprendizado empreendedor das crianças, é natural que o aprendizado dos pais não ocupe o lugar central. Por isso este parêntese. No mundo real, os pais de André aprenderam com o filho. Dois anos após os fatos narrados, o pai de André foi demitido da indústria onde trabalhava. Depois de mais de um ano desempregado, recebeu o convite para ser sócio de um setor emergente muito rentável: coleta de lixo urbano. O acaso, às vezes, é irônico e bem-humorado. E o que aconteceu com André? Ele continuou, em segredo, a perseguir o sonho de ser motorista do caminhão do lixo. Depois da criação da empresa, é claro que a atitude dos pais mudou em relação ao sonho da criança.)*

CAPÍTULO 2

O QUE OS PAIS PODEM FAZER

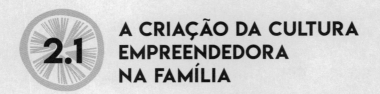

2.1 A CRIAÇÃO DA CULTURA EMPREENDEDORA NA FAMÍLIA

A **família deve criar, em casa, um ambiente favorável ao desenvolvimento da capacidade empreendedora dos filhos.** Essa cultura não é um palco eventual, é contínua, permanente, um jeito de se ver o mundo, um modelo mental. Da mesma forma que, no dia a dia, os pais tratam de ética, de comportamentos sociais, de respeito e amor, eles devem abrir um espaço nas conversas diárias para se falar espontaneamente sobre atitudes empreendedoras. Como fazer isso é o assunto que será tratado daqui para frente. No ambiente familiar, a criança deve ser estimulada por meio de perguntas, jamais de respostas, a compreender e internalizar o processo empreendedor. Isso pode ser feito mesmo que os pais não sejam empreendedores.

Não se deve esquecer que marketing, finanças, gestão, informática são ferramentas usadas pelo empreendedor, mas não o definem.

A família deve criar em casa um ambiente favorável ao desenvolvimento da capacidade empreendedora dos filhos. Essa cultura não é um palco eventual, é contínua, permanente, um jeito de se ver o mundo, um modelo mental.

Na cultura empreendedora, as famílias devem substituir os padrões tradicionais, não empreendedores, pelo modelo mental empreendedor: capacidade de assumir riscos no lugar de estabilidade; rebeldia aos padrões no lugar de submissão; criatividade e inovação no lugar de repetição; protagonismo e autonomia no lugar de dependência. Capacidade de aprender com os erros no lugar de envergonhar-se por cometê-los.

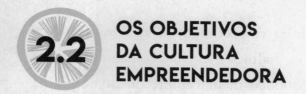

2.2 OS OBJETIVOS DA CULTURA EMPREENDEDORA

O objetivo da cultura empreendedora familiar é inserir o tema empreendedorismo nas conversas do dia a dia do lar. Veja, de maneira ultracondensada, o que faz o empreendedor. É preciso lembrar que a sequência segue uma lógica dificilmente aceita pela realidade. Estes são os temas a serem abordados no lar:

- Em primeiro lugar, o empreendedor busca se conhecer, saber o que gosta e o que não gosta, o que quer e o que não quer fazer, o que pode e o que não pode, o que sabe e o que não sabe, o que tem e o que não tem. Saber quais os integrantes da rede de relações precisa.

- Formula o seu sonho.

- Procura encontrar um problema que afeta muitas pessoas e que tenha relação com o seu sonho.

O objetivo da cultura empreendedora familiar é inserir o tema empreendedorismo nas conversas do dia a dia do lar.

- Cria (sozinho ou com a colaboração de outros) uma solução inovadora.

- Testa o produto junto ao cliente.

- Modifica e refaz o produto até encontrar a melhor solução.

- Busca recursos para criar a empresa (tecnologias, pessoas, capital).

- Busca recursos para gerenciar a empresa (capacidade operacional).

- Avalia os resultados da ação.

- Tece, durante todo o percurso, a sua rede de relações.

Em algumas etapas, o empreendedor pode buscar a ajuda de terceiros. É comum, por exemplo, que no processo de inovação participem centros de pesquisa. Mas três passos são indelegáveis:

1. Conhecer profundamente o cliente e o setor de atuação.
2. Identificar o problema.

3. Liderar e buscar recursos necessários em todos os momentos.

O desenvolvimento do potencial empreendedor guarda pouca semelhança com temas escolares, como matemática, física, geografia e história. Na escola, nos ensinam que devemos aprender e, depois, fazer, o que é um bom preceito. O empreendedor não goza de tal facilidade: ele faz para aprender.

Pode-se falar em uma teoria empreendedora? Ainda não, talvez nunca. Não sendo uma ciência, é possível falar de um "conhecimento empreendedor", exclusivamente como uma estratégia*, aplicável e construída somente para um produto específico. Em outras palavras, para cada produto, uma teoria. Não se trata de uma teoria que garanta o sucesso, mas que talvez possa aumentar a probabilidade de que ele ocorra.

Os maiores avanços na educação empreendedora dizem respeito não ao resultado do trabalho do empreendedor, que continua imprevisível, mas

---

* Eu resisto a falar em "boas práticas", porque acabam sendo um obstáculo à inovação.

à emoção que o move oferecendo a energia para realizar o sonho. Na prática, a ação empreendedora é imprevisível.

Tarefas repetitivas exercidas por empregados estão sendo substituídas pela IA a qual, se um dia a IA se aventurar a criar um robô empreendedor, deverá ser capaz de transformar em procedimentos lógicos as ações dos empreendedores, tarefa hoje inimaginável.

As informações até aqui apresentadas mostram que nascemos com o potencial empreendedor, e educar significa dinamizar tal potencial.

Empreendedores sempre existiram. A novidade é saber que, em uma cultura favorável, todos podem empreender. Uma coisa fica também muito clara: a atividade do empreendedor de realizar seus sonhos é fascinante e inigualável.

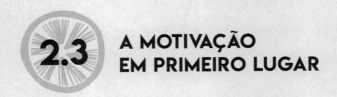

2.3 A MOTIVAÇÃO EM PRIMEIRO LUGAR

A motivação tem origem na busca da realização dos sonhos. Se queremos motivar alguém, temos que ajudá-lo a descobrir seus sonhos e estimular que os realize. Na definição que criei para ser compreendida pela criança, o sonho tem papel central, porque é fonte de motivação:

> "O empreendedor é alguém que sonha e busca transformar o seu sonho em realidade*".

"Sonho"

É o sonho que se sonha acordado. Sonhar significa conceber o futuro guiando-se pela paixão.

---

* A definição está no meu livro *Pedagogia empreendedora*. Essa definição é a base da metodologia testada em cerca de 2.000 escolas envolvendo 10 mil professores da Educação Básica em 150 cidades, no Brasil e no exterior. Em 2021 esta metodologia foi considerada pela ONU-UNIDO como "boa prática" para o atendimento da Agenda 2030 e cumprimento das Metas do Milênio.

O sonho deve adequar-se à natureza e às condições do sonhador.

"Busca"

O verbo "buscar" indica ação contínua e mostra que a realização está no processo e não na chegada. A realização de um sonho exige a formulação imediata de outro ou outros sonhos.

"Transformar em realidade"

Empreender é transformar oferecendo valor positivo à coletividade.

Em síntese: sonhar é conceber o futuro, empreender significa transformar esse futuro em realidade.

Essa definição, por incluir no universo empreendedor todas as atividades e profissões humanas, nos permite praticar uma educação empreendedora adequada. Não é plausível preparar crianças para abrir empresas; a decisão do que fazer é delas.

Em síntese:
sonhar é conceber
o futuro, empreender
significa transformar
esse futuro
em realidade.

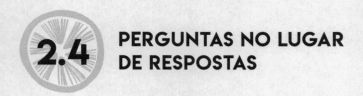

PERGUNTAS NO LUGAR DE RESPOSTAS

Na educação empreendedora, o processo utilizado para a obtenção de respostas pelo aluno é mais importante do que a resposta certa. No lar, as perguntas dos pais têm papel relevante. As crianças são as únicas responsáveis pela construção de respostas. Os pais jamais devem tutelar, dar sugestões, soluções, ideias, porque criá-las faz parte do aprendizado da criança. Respostas prontas existem quando o conhecimento é dominado. O empreendedor cria o futuro e, para o futuro, não se conhecem respostas. Elas podem contribuir quando inseridas em um contexto puramente racional, científico. No entanto, o universo do empreendedor é dominado pela emoção. "Dar uma ajudinha" é suficiente para minar o processo de aprendizagem. Assim, respostas são proibidas. Buscá-las é tarefa exclusiva do empreendedor.

Na educação empreendedora, o processo utilizado para a obtenção de respostas pelo aluno é mais importante do que a resposta certa.

A força das perguntas

As perguntas são gatilhos que disparam o desenvolvimento do potencial empreendedor, porque levam as crianças a fazerem as próprias descobertas. Elas se habituam a construir e buscar o que desejam, desenvolvendo autonomia, capacidade de pesquisar, de criar, de entender e interpretar o que se passa no ambiente em que vivem. Em uma cultura empreendedora, os pais jamais corrigem as respostas dadas pelas crianças. Eles devem prosseguir formulando perguntas que possam levar a criança a desenvolver o próprio entendimento. Não convém analisar as respostas dos filhos sob o prisma do certo ou errado, e sim como expressão do que se passa no íntimo da criança. Na metodologia tradicional, a pessoa aprende para fazer. O empreendedor faz para aprender. No empreendedorismo, caminhos já trilhados têm a propensão de levar ao fracasso. Como inova, o empreendedor erra e refaz continuamente até obter o que deseja. Os pais devem habituar-se a criar as próprias perguntas, adequando-as ao estágio de desenvolvimento da criança. É importante fazê-las em um clima de diversão. Brincadeiras e jogos refletem muito as preferências e tendências das crianças. O empreendedor se diverte trabalhando.

Com o passar do tempo, as crianças deverão aprender a formular as perguntas na primeira pessoa: "Qual é o meu sonho?", "O que farei para transformá-lo em realidade?".

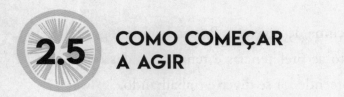

2.5 COMO COMEÇAR A AGIR

Duas perguntas revelam a essência da cultura empreendedora. Elas devem estar sempre presentes, como se pairassem em suspensão na atmosfera do lar.

As duas perguntas que levam à ação são extraídas da definição que apresentamos algumas páginas atrás.

1. "Qual é o seu sonho?"
2. "O que pretende fazer para transformar o seu sonho em realidade?"*

Elas são gatilhos que transportam a criança para o ambiente de autoaprendizagem. As perguntas dizem respeito à essência do empreendedorismo: o que fazer e como fazer.

---

*Nietzsche disse: "Ninguém pode construir em teu lugar as pontes de que precisarás para atravessar o rio da vida".

As perguntas relativas aos sonhos serão sempre as mesmas, não importa a idade. As respostas serão diferentes em cada estágio da vida das crianças. Na cultura empreendedora, importa mais a formulação das respostas do que o acerto.

A primeira pergunta, sempre repetida, tem por objetivo fazer com que a criança se habitue a definir o que deseja com autonomia.

A segunda pergunta diz à criança que ela é responsável pela construção do caminho que a levará ao futuro que deseja. Este é o principal conhecimento do empreendedor e varia a cada futuro concebido ou a cada produto/empresa. A energia para aprender é fornecida pela emoção produzida pela busca da realização do sonho.

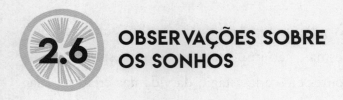

OBSERVAÇÕES SOBRE OS SONHOS

Eles...

- Mudam, o que é natural porque as pessoas e o mundo se transformam permanentemente.

- Podem e devem ser substituídos quando não são adequados ao perfil do sonhador ou não são factíveis, exequíveis e úteis. No entanto, somente o empreendedor (a criança) poderá tomar tal decisão.

- Podem ser copiados ou inspirados em sonhos de outras pessoas, desde que o sonhador os tome como seus.

- Devem produzir no sonhador a energia suficiente para ser realizado. A criança é responsável por essa avaliação.

- Não devem ser invalidados pelos pais, mesmo que sejam absurdos. Saber identificar essa condição é parte essencial do aprendizado da criança.

- São sempre um desafio, o oposto da repetição, da tradição, do conformismo. Exigem a capacidade de se romper barreiras.

- De outras pessoas que dedicaram a sua vida a realizar aquilo que amavam, empresa ou não, devem ser citados como exemplos.

- Que se tornaram histórias de fracassos ensinam mais do que histórias de sucesso.

A pergunta "qual é o seu sonho?" nada tem a ver com outra, habitualmente feita pelos pais: "O que você quer ser quando crescer?". Essa última pergunta deve ser evitada porque não é dirigida à criança, mas ao adulto que potencialmente ela representa e traz a intenção de exercer controle sobre a criança.

A nossa experiência registra inúmeros sonhos infantis. Em um deles, uma criança formulou o desejo de criar baleias na lua. Nesse caso, incentivamos a criança a buscar informações sobre a Lua e o habitat das baleias. Ela mesma chegou à conclusão de que, no estágio em que a ciência se encontra, o sonho é inviável. E criou outro sonho:

"Eu vou ser um cientista que vai levar água para a lua".

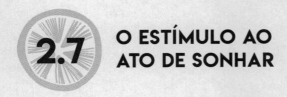

O ESTÍMULO AO ATO DE SONHAR

Para estimular a criança a sonhar, os pais devem fazer perguntas, considerando a idade e o nível de compreensão da criança, para que ela...

- Identifique as próprias áreas de interesse.
- Descubra os pontos fortes e fracos e lide proativamente com eles.
- Aprenda a concentrar-se em uma área de interesse que apresente efeitos sinérgicos com seus talentos e suas características.
- Avalie se o seu sonho é adequado à sua forma de ser.

2.8 ÉTICA

A ética nos diz que só deve ser considerado empreendedor aquele que oferece valor positivo para a coletividade e não somente para si. A ética, e não o lucro, nos permite avaliar o grau de utilidade da contribuição social de cada empresa. Há empreendimentos que, mesmo sendo legais, são nocivos à sociedade. O indivíduo deve exercer controle crítico sobre os resultados éticos do seu trabalho, o que só é possível em uma democracia. Se não exercer este controle, poderá estar servindo a ideias, pessoas, projetos e interesses com os quais não concorda. Crianças devem aprender que a frase "eu não devo nada a ninguém!" não corresponde à realidade, pois uma empresa, para nascer e prosperar, precisa contar com uma estrutura que ofereça capacidade logística, comunicação, infraestrutura urbana, escolas, saneamento, se-

A ética nos diz que só deve ser considerado empreendedor aquele que oferece valor positivo para a coletividade e não somente para si.

gurança etc.; toda essa estrutura construída e mantida com recursos da sociedade.

Empresas do bem

Há empresas que, mesmo sem abrir mão do lucro, são mais eficazes no combate à pobreza do que governos. Nas últimas décadas, elas tiraram da pobreza mais de 400 milhões de pessoas no planeta, gerando empregos. Além das empresas tradicionais, existem as "empresas de impacto social", criadas para melhorar a vida de comunidades. Esse conceito deveria fazer parte dos currículos de todos os níveis da educação formal. Todos deveriam ser estimulados a analisar a realidade sob a ótica das suas habilidades, identificar problemas e sugerir soluções que possam dar corpo a empresas de impacto social.

CAPÍTULO 3

HABILIDADES DO EMPREENDEDOR

Algumas habilidades presentes na nossa espécie são imprescindíveis ao sucesso dos empreendedores. Há aquelas que, obrigatoriamente, o empreendedor deve desenvolver. Há outras que podem ser aportadas por integrantes da equipe.

É importante ter em mente que as habilidades a seguir apresentadas são desenvolvidas na prática, na ação. O empreendedor aprende fazendo.

3.1 AUTOCONHECIMENTO

Para todos nós, o autoconhecimento é essencial. A ausência dele pode levar um indivíduo a ter problemas nas relações com filhos, cônjuge e amigos. **Para o empreendedor, a sua falta pode se transformar em um risco a mais e levar o empreendedor à falência.** Uma das histórias deste livro trata desse tema. O empreendedor precisa se conhecer para saber que tipo de empresa vai criar, uma vez que a empresa é uma extensão do seu ego. O empreendedor deve ter consciência do que sabe e do que não sabe, do que quer e do que não quer, do que pode e do que não pode, do que possui e pode conseguir, do que pode esperar de quem conhece e da rede de relações que pretende construir. Somente pelo autoconhecimento ele está em condições de construir complementaridades, ou seja, compor uma equipe com pessoas que possam fazer o que ele não fará. O empreende-

Para todos nós,
o autoconhecimento é essencial.
A ausência dele pode levar um
indivíduo a ter problemas nas
relações com filhos, cônjuge e
amigos. Para o empreendedor,
a sua falta pode se transformar
em um risco a mais e levar o
empreendedor à falência.

dor é, antes de tudo, um articulador de recursos de toda ordem: humanos, financeiros e tecnológicos, necessários ao sucesso da sua empresa. Ele não precisa saber fazer tudo, como um especialista. Conhecendo-se, ele sabe o que tem e o que lhe falta. A construção do autoconhecimento é um processo permanente.

Mais do que a qualidade das respostas das crianças, o que se pretende é fazê-las compreender a importância do autoconhecimento. Isso vale para todas as perguntas dos demais capítulos.

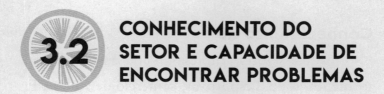

3.2 CONHECIMENTO DO SETOR E CAPACIDADE DE ENCONTRAR PROBLEMAS

O primeiro passo do empreendedor não é ter uma ideia. Esta só surge depois que for identificado um problema. Empresas existem porque existem problemas cuja solução interessa a uma quantidade de pessoas dispostas a pagar por ela, em quantidade que tenha condições de viabilizar a empresa. O que se chama de ideia é o produto inovador que resolve o problema. Aproveitar uma oportunidade significa: identificar o problema, criar uma solução (a ideia de produto) e convencer pessoas a pagar por ela. Ter uma ideia não é suficiente. Surgem aos cachos e são abundantes, não é difícil criá-las. O que define o empreendedor é a capacidade de buscar e gerenciar recursos para transformar ideias em realidade. Para se identificar problemas, é preciso conhecer o setor de atuação, ou seja, o ambiente do sonho. No caso de André, o setor é a coleta de lixo urbano.

Conhecimento do setor

Em qual setor a empresa atuará: ensino de informática, roupas esportivas, comércio de vinhos? **É preciso clareza ao projetar o sonho no mercado e identificar os clientes.** As três sugestões anteriores precisam de mais detalhes para indicar nitidamente os clientes. O ensino de informática será para crianças, adultos, usuários, programadores, especialistas em marketing digital?

Conhecer o setor significa saber sobre tecnologia, lucratividade, concorrência, legislação etc. Abrir uma empresa sem conhecer os clientes potenciais não é empreendedorismo. Somente depois de se identificar os clientes, pode se conhecer seus problemas e produzir soluções, projetar produtos ou serviços. O empreendedor deve estabelecer contato pessoal com clientes para conhecê-los melhor. A atividade de identificação de problemas deve transformar-se em hábito. Muitos empreendedores criaram empresas de sucesso inspirados em seus problemas pessoais.

É preciso clareza ao projetar o sonho no mercado e identificar os clientes.

3.3 REDE DE RELAÇÕES

Redes de relações são decisivas nas vidas de todos. Redes são conexões entre pessoas. Elas sempre existiram; mudaram as mídias usadas nas conexões: apaches usavam fumaça, africanos usavam o tambor. Depois surgiram cartas, telegrama, telex, fax, e-mail, Facebook, Twitter, WhatsApp. O mais importante nas redes é o conteúdo transmitido e não a quantidade das conexões. Quanto maior for o grau de interação entre as pessoas, mais reduzido ficará o ambiente, as informações fluirão livremente e facilitarão a ação do empreendedor. Os grupos formados nas redes são geradores e condutores de conhecimentos e experiências a que todos os integrantes têm acesso. Assim, o conhecimento de cada integrante passa a ser, potencialmente, o somatório do conhecimento de todos. Empreendedores iniciantes usufruem da experiência dos antigos. Por meio das redes, podem ser localizados recursos de toda ordem:

tecnológicos, financeiros, gerenciais etc. As redes sociais são um campo de força que transfere energia aos integrantes. Empreendedores enxergam mais oportunidades, mais caminhos, mais possibilidades. As redes têm memória e sobrevivem a seus integrantes. Uma das vocações das redes sociais é facilitar e induzir as relações com pessoas desconhecidas. As redes sociais estão na base de processos empreendedores como:

- Propagação da cultura empreendedora.
- Fortalecimento da capacidade de se gerar ideias;
- Transformação de ideias em negócios bem-sucedidos.
- Disseminação de informações sobre o mercado, tecnologia, fontes de financiamento, de recursos de toda ordem.

É importante que os filhos saibam que já vivem em rede: família, amigos, colegas, vizinhos. Redes são fundamentais para que empreendedores acessem pessoas que possam ajudá-los na realização de seus sonhos: investidores, pesquisadores, fornecedores, especialistas, outros empreendedores etc.

As redes sociais são um campo de força que transfere energia aos integrantes. Empreendedores enxergam mais oportunidades, mais caminhos, mais possibilidades.

3.4 APRENDER COM OS ERROS

Para os empreendedores, os erros podem ser preciosa fonte de saber. Esta é uma das razões que leva cada empreendedor a desenvolver **os próprios métodos de aprendizagem.** A imprevisibilidade da sua ação chega a ponto de cada produto exigir um conjunto inédito de ações, um diferente tipo de saber, uma "teoria" específica. Muitas empresas colhem fracassos quando usam estratégias antigas para novos produtos. Ao contrário da educação convencional, erros e fracassos do próprio empreendedor (e de outros) são considerados fontes de aprendizado*. A escola é condenada por punir erros. No entanto, ela não está equivocada quando diz que

---

* Em San Francisco, Califórnia, foi criado um congresso com o nome FailCon, algo como "Congresso do fracasso", quando empreendedores narram para centenas de outros empreendedores os erros e fracassos que enfrentaram. Compareçem donos de grandes empresas. Eles sabem que os fracassos ensinam, e que o fracasso dos outros custa zero. O empreendedor erra muito porque cria ou experimenta coisas novas, situação em que o erro é inevitável.

Para os empreendedores, os erros podem ser preciosa fonte de saber. Esta é uma das razões que leva cada empreendedor a desenvolver os próprios métodos de aprendizagem.

não devemos cometer erros no que se refere a conhecimentos dominados. De fato, não faz sentido errar o cálculo de uma multiplicação. Mas se esquece de que o erro cometido na inovação é inevitável.

A cultura da punição ao erro é nociva porque estimula a prática da resposta certa, prejudicial ao empreendedor, e sugere que se deve, em qualquer situação, associar o sucesso à ausência de erros.

No mundo empreendedor, erros e fracassos são resultados prováveis. A capacidade de produção como coração dos negócios já foi substituída pela era da inovação.

Como preparar a criança para reagir positivamente aos erros e ser capaz de aprender com eles

Empreendedores cometem muitos erros porque inovam. Para sobreviver, desenvolvem a capacidade de extrair dos erros (seus e dos outros, mais baratos) conhecimentos e habilidades que estendem os limites de sua inteligência e percepção. As pesquisas realizadas pela professora de Stanford, Carol Dweck*, indicam

---

* Carol Dweck, psicóloga, professora de Stanford, autora do livro *Mindset: a nova psicologia do sucesso*, Editora Objetiva, 2017.

que o fracasso é importante para se alcançar o sucesso. Ela constatou que algumas crianças, julgando-se inteligentes, ficam prostradas diante do fracasso, enquanto outras o assumem como um desafio e deixam-se motivar por ele. Era como se essas dissessem "eu amo o desafio". Carol afirma que essas crianças possuem o que ela chama de "modelo mental construtivo", segundo o qual a inteligência se desenvolve constantemente, desde que seja utilizada para resolver problemas e aprender algo novo com os fracassos. Contudo, há outras crianças que desenvolvem o que Dweck chama de "modelo mental fixo", em que a pessoa supõe que a inteligência é definida no nascimento e não há nada que se possa fazer para melhorá-la. Essas pessoas evitam riscos e desafios porque creem que, quando fracassam, a sua inteligência estaria sendo questionada. Segundo Carol Dweck, o método mais eficaz para se desenvolver o modelo mental construtivo nas crianças é o uso correto dos elogios feitos pelos pais e professores. Os elogios dirigidos à inteligência da criança são prejudiciais porque estimulam o modelo mental fixo. A criança passa a evitar situações de risco em que o erro possa comprometer a sua reputação de pessoa inteligente. Os elogios devem ser dirigidos ao processo utilizado pela criança, valorizando o seu esforço, a sua estratégia, a coragem de assumir tarefas difíceis, de persistir diante dos obstáculos. Quando isso é feito, a criança desenvolve o modelo mental de crescimento e passa a ver as dificuldades e desafios como algo divertido com os quais vai aprender. O que importa é como a criança abordou o problema, e não os resultados. A exaltação da inteligência da criança, no lugar de fortalecer, enfraquece a autoestima. O alvo dos elogios a crianças a partir de três anos de idade determinará o modelo mental e o desejo de enfrentar desafios.

Elogie o processo que a criança utilizou para resolver um problema. Ela deve saber que erros são naturais, um estímulo e um caminho para acertos e descobertas. Só não erra quem não cria. Especialistas dizem que, se um empreendedor está errando pouco, é porque não está inovando muito.

3.5 CRIATIVIDADE E INOVAÇÃO

A criatividade pode ser entendida como a capacidade de se combinar ideias, conceitos, conhecimentos, objetos, com a finalidade de se construir soluções inéditas. Estudos mostram que as crianças entram na Educação Infantil possuindo elevado nível de criatividade e, por desuso e desestímulo, terminam o curso superior com uma capacidade criativa drasticamente reduzida. A criatividade deve ser um hábito, disparado pela convicção de que sempre se pode melhorar o que existe. A criatividade é essencial ao empreendedor não só para resolver um problema, mas, muitas vezes, também para encontrá-lo.

Algumas condições podem estimular a criatividade:

- Ambiente de liberdade em que erros sejam aceitos e vistos como um passo em direção ao acerto.

- Mente aberta para aceitar o novo, o acaso e ideias contrárias.

- Conhecimento do ambiente: soluções já existentes, erros e fracassos dos concorrentes.

- Trabalho em grupo.

- Não hesitar em alterar o curso do trabalho diante do imprevisto.

- Escolher a melhor ideia com isenção e profundidade de análise.

- Desconfiar da unanimidade e do consenso.

- Persistir na busca da melhor solução.

Reflexões para inspirar conversas com os filhos:

- O saber fazer, neste século, será substituído pelo saber inovar.

- Os trabalhos repetitivos impedem a criatividade e serão feitos por robôs.

- Riscos são inevitáveis para quem inova. Quem não inova, desaparece.

- A criança deve sempre observar o ambiente sob a perspectiva de inovação.

- Estimule nos filhos a atitude: "Eu posso fazer melhor".

- Estimule que os filhos façam sugestões de inovação para o que gostam, como: videogames, brinquedos, filmes, ambiente de aprendizado, objetos etc.

- Peça aos filhos que apresentem as vantagens e desvantagens das propostas de inovação que fizeram.

Na internet, é possível encontrar bons exercícios sobre criatividade.

3.6 LIDERANÇA

A liderança empreendedora, na fase de criação da empresa, não é um dom misterioso, um talento concedido aleatoriamente. Ela pode ser entendida como a capacidade do empreendedor de convencer pessoas (sócios, colaboradores, clientes, fornecedores, investidores) afirmando que serão recompensadas se o apoiarem na criação e consolidação da empresa. É uma liderança para o futuro e não exige características especiais. Carisma, simpatia, beleza são bem-vindos, mas não são indispensáveis. O fundamental é demonstrar um profundo conhecimento do produto, do mercado e da capacidade de conduzir a empresa ao sucesso. O discurso de convencimento, um decisivo ato de liderança, geralmente é chamado de *pitch*.

Na fase operacional, depois de criada a empresa, já com os pés no presente, o empreendedor exerce outro tipo de liderança, quando tem que ser competente para articular pessoas e recursos, com o objetivo de produzir e entregar o produto ao cliente.

Uma experiência sobre liderança

Peça ao seu filho que simule um *pitch* para praticar a liderança. É muito simples. Ele deve imaginar uma empresa com um bom potencial de vendas e apresentar o projeto de criação a alguns poucos colegas. O objetivo do *pitch* é convencê--los a apoiá-lo como sócios ou investidores. Ele deve demonstrar por que o produto é vencedor e convencê-los de que ele é a pessoa certa para levar a empresa ao sucesso e que todos os apoiadores serão bem recompensados.

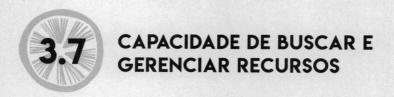

CAPACIDADE DE BUSCAR E GERENCIAR RECURSOS

Muitas pessoas acham que, para empreender, basta ter uma boa ideia de produto. Sim, ter um bom produto é indispensável, **mas uma excelente ideia vale zero se não cair em mãos capazes de torná-la realidade.** A grande magia do empreendedor está no sopro de vida que ele verte sobre o que era uma simples ideia, transformando-a em um negócio lucrativo.

- **Buscar**, nessa fase, significa atrair recursos, geralmente escassos, como dinheiro, tecnologia, pessoas, equipamentos, capacidade de gestão.

- **Gerenciar** designa a capacidade de articular esses recursos de tal forma que produzam os resultados almejados.

Uma excelente ideia vale zero se não cair em mãos capazes de torná-la realidade.

Reflexões para inspirar conversas com os filhos

A atitude da criança em relação ao mundo que a cerca deve ser: "A sociedade pode e deve eliminar a miséria". Nesse sentido, podem-se produzir inovações em todas as áreas, das artes às ciências. Quem se dedica a identificar e analisar problemas acabará criando soluções. Inovar é uma habilidade que todos temos. Usá-la depende de cada um.

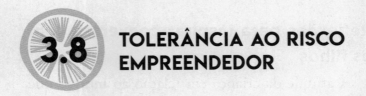

3.8 TOLERÂNCIA AO RISCO EMPREENDEDOR

Riscos são inerentes à vida; a tolerância à incerteza é cultural. **O empreendedor que, para fugir dos riscos, faz o que já foi feito, está aumentando seus riscos.**

Empreendedores erram porque inovam. Algumas culturas aceitam a incerteza e programam seus membros para enfrentar riscos. Outras tentam minimizar a incerteza regulando tudo por meio de leis e normas. Culturas que aceitam a incerteza são mais tolerantes às divergências e mais favoráveis ao desenvolvimento empreendedor porque preparam as pessoas para reagir diante da ambiguidade, indefinição e riscos. O senso comum acredita que o empreendedor gosta de riscos. Não é verdade, ninguém gosta de riscos, muito menos os empreendedores que o aceitam como um elemento natural e tentam minimizá-los conhecendo profundamente o mercado e a si mesmos. Os não empreendedores cometem o equívoco de achar que

Riscos são inerentes à vida; a tolerância à incerteza é cultural. O empreendedor que, para fugir dos riscos, faz o que já foi feito, está aumentando seus riscos.

podem viver sem riscos. No mundo empreendedor, o risco maior é o de não inovar. As crianças devem progressivamente aprender a tratar o desconhecido com cautela, submetê-lo a uma análise persistente e profunda, mas, ao mesmo tempo, considerar que ali pode estar uma grande oportunidade.

Reflexões para inspirar conversas com os filhos:

- O maior risco é não arriscar. A mesmice leva à decadência.

- Riscos são naturais em todas as faces da vida. Deve-se aprender a minimizá-los.

- É importante estar aberto a opiniões diferentes.

- O acaso é inevitável e um mestre para quem souber aprender com ele. Situações imprevistas ou indefinidas podem estar nos melhores caminhos.

CAPÍTULO 4

HISTÓRIAS PARA OS FILHOS (E PAIS)

Como dissemos, as histórias, as fábulas, as parábolas são meios insuperáveis de se transferir conteúdos e habilidades. Para afinar o nosso foco e deixar bem nítido o que buscamos transmitir, criamos uma analogia entre o empreendedor e um dos maiores atletas da história, o corredor jamaicano Usain Bolt, campeão olímpico, que foi o homem mais rápido do mundo.

O objetivo de Usain Bolt era correr 100 metros no menor tempo possível. Para alcançar a sua meta, ele aprimorou suas condições físicas e mentais.

Usain Bolt:

Objetivo: correr 100 metros no menor tempo possível.

Recursos: fortalecimento físico e equilíbrio mental:

- Preparação muscular.
- Melhoria dos reflexos.
- Impulso na largada.
- Concentração mental.
- Alimentação.

- Controle respiratório.
- Equilíbrio.
- Flexibilidade e fortalecimento muscular.

Empreendedor:

Objetivo: empreender, transformar o seu sonho em realidade.

Recursos: fortalecimento dos principais "músculos empreendedores" (habilidades) necessários à realização dos sonhos. Como já vimos, esses "músculos" são:

- Autoconhecimento.
- Conhecimento do setor e capacidade de identificar problemas.
- Redes de relações.
- Aprender com erros.
- Criatividade e inovação.
- Liderança.
- Buscar e gerenciar recursos.
- Tolerância ao risco.

Ao final de cada história que se segue, o leitor é convidado para identificar as habilidades empreendedoras que conseguiu perceber.

Importante: cada história (incluindo a de André e o caminhão do lixo) deve ser vista como uma fonte de conversas entre pais e filhos.

Os pais devem ter em mente que não há resposta certa ou errada em relação à interpretação dos textos, o importante é acolher a resposta da criança e instigá-la a criar novas situações em que possa atuar em casa e na comunidade em que vive.

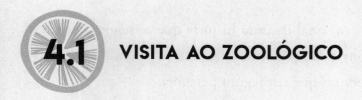# VISITA AO ZOOLÓGICO

Olá, meu nome é Fernanda. Tenho 10 anos de idade. O meu melhor amigo é o Paulinho, meu colega de sala no colégio. A Maria também é minha amiga e, com ela, tenho maior liberdade para conversar. O meu pai é empregado do banco. Trabalha há anos como caixa. Todo dia, durante o almoço, reclama que faz sempre a mesma coisa: descontar cheques, receber contas e contar dinheiro. E o pior, sabe que a inteligência artificial vai tomar o seu emprego. Não sei por que ele não arruma outra profissão.

Outro dia, a professora de empreendedorismo do colégio levou a minha classe para visitar o Zoológico, que fica em outra cidade porque na minha não existe Zoo. Fizemos uma farra no ônibus. A professora disse que o objetivo de ir ao Zoo era conhecer animais, aprender com a natureza e alimentar a imaginação. O Paulinho é tão perguntador que tem o apelido de "perguntinha". Às vezes, faz perguntas bobas, como a que fez no ônibus à professora:

— Por que existem Zoológicos?

Eu achei que a resposta era óbvia!!!

A professora respondeu.

— Para conhecermos outros habitantes do planeta que nunca vemos. Talvez a gente possa aprender alguma coisa com eles.

Aí eu entendi que a pergunta não era tão simples e entrei na conversa. Paulinho insistiu:

— Mas o que podemos aprender com eles? Além de não serem muito inteligentes, eles não são criativos, sempre repetem a mesma coisa.

— Os animais não são muito criativos, mas nós humanos somos. Podemos ser inspirados não só por bichos, mas também por montanhas, rios, mares, praias, chuva, pelo sol e pela lua. Já reparou quantas poesias falam de flores, do pôr do sol, do brilho da lua e das paisagens? A maçã já sugeriu muitas histórias.

A professora completou:

— Enfim, podemos aprender com a natureza. O sábio é quem aprende.

Na portaria do zoo, nos deram um folheto que dizia como deveríamos nos comportar ali. O folheto explicava a origem da palavra zoológico: em grego, "zõon" significa animal. Logo na entrada, havia uma cantina que vendia sorvete, pipoca e refrigerante. Na parede, um grande aviso: "Não alimentem os animais, eles têm uma dieta própria".

O zoo não era tão grande. Vi na internet que nem de longe podia ser comparado aos de Berlim, Toronto e San Diego. Mas, mesmo assim, lá estavam bem vivos os rinocerontes, girafas, elefantes, gnus, macacos, cobras nativas do Brasil e a onça-pintada, o maior felino das Américas. A parede de vidro de um aquário deixava ver peixes como tucunaré, dourado, pirarucu, surubim. Havia pássaros em viveiros imensos.

Paulinho, sempre alerta, perguntou.

— Mas eles não sofrem quando estão presos? Ninguém gosta de ficar preso.

Maria respondeu.

— Mas muitos não podem ficar soltos. Animais selvagens são violentos.

— Sim, eles podem ser violentos, disse a professora. Mas geralmente só atacam quando estão com fome ou se sentem ameaçados.

Eu perguntei:

— Se não existisse zoo, como iríamos ver um elefante? Eu garanto para vocês que eu nunca vi uma galinha viva. Será que no zoo tem galinha para a gente ver?

Todos riram.

O perguntinha fez uma das suas:

— E se os bichos fossem substituídos pela "realidade virtual"? Não seria necessário prendê-los. Acho que, no futuro, vai ser assim.

— Mas será que teria graça?

A jaula do leão era a última. Paulinho sentou-se na calçada em frente à jaula, fixando o olhar no animal que caminhava desassossegado de um lado para o outro, repetindo incansavelmente o mesmo trajeto. Ele parecia muito infeliz por estar preso. O leão tinha o olhar perdido e não respondia quando alguém tentava chamar a sua atenção. "Coitado", pensou Paulinho, "veio de tão longe para ficar preso". Um tratador, usando uma porta protegida, colocou uma grande quantidade de carne na jaula. Logo, em seguida, surgiu a leoa, e o casal fez a sua refeição.

— Não deviam prender animais! – Paulo disse alto para si mesmo.

— É como se fosse a profissão deles, Maria respondeu. Em troca, dão a eles tudo o que precisam. Até uma namorada. Todos riram. Paulinho me puxou para um canto e me disse, baixinho.

— Perdoe-me, mas enquanto eu observava o leão na jaula, me veio à cabeça a imagem do seu pai, sempre insatisfeito no seu emprego no banco, reclamando da repetição e do marasmo.

— Paulinho, você não vai acreditar se eu lhe disser que fiz a mesma comparação. A maioria dos empregados gostaria de estar fazendo algo diferente.

Eles geralmente realizam os sonhos dos outros e seguem caminhos que não lhes agrada.

No final da visita, a professora reuniu o grupo de alunos no anfiteatro do zoo para que todos dissessem o que tinham achado da visita. E o que tinham aprendido. Depois que todos se sentaram, ela disse:

— Estão vendo como se pode aprender com animais? Ouvi alguém, inspirado pelo leão, fazendo uma comparação entre a liberdade e a profissão. Em seguida, perguntou.

— Vocês viram muitos animais. Pegando carona na conversa entre a Maria e Paulinho, alguém se lembra de ter visto alguma imagem ou comportamento que possa descrever as diferenças entre o empregado e o empreendedor?

Eu disse ao Paulinho: parece que a professora ouviu a nossa conversa.

— E ouvi mesmo! – sorriu a professora.

Paulinho levantou o braço.

— Eu notei diferenças. Enquanto eu olhava o leão na jaula, eu imaginava o que ele poderia estar fazendo agora na selva, solto. Lá, ele se sentiria livre, poderia conviver com seu bando, acasalar, procriar, proteger os filhotes, caçar. Eu acho que o empregado é o leão do Zoológico, preso na jaula, que faz somente o que lhe é permitido, não aquilo que deseja. O empreendedor é o leão solto na selva.

Fernanda discordou:

— Eu acho que o leão no zoológico tem uma vida melhor do que na selva, onde há muitas ameaças, perigos e dificuldades. Na selva, o leão, quando fica mais velho, morre de fome porque não consegue alcançar uma presa. E, além de tudo, há caçadores, como os que prenderam e venderam o leão que vimos. No Zoo, o leão está seguro, protegido.

Paulinho continuou:

— Sim, é verdade. Na selva, a vida é difícil para o leão. Muitas vezes um bando de hienas consegue roubar a caça; mosquitos atacam suas orelhas. Para namorar, eles precisam enfrentar uma luta de vida ou morte contra outros machos. Algumas vezes, os filhotes dos leões são comidos por outros animais sem que eles possam protegê-los. Há doenças e outros riscos. No entanto, mesmo com todos esses problemas, na selva, ele desenvolve e utiliza as habilidades com as quais nasceu e que são a sua natureza. Solto, na selva, o leão é o leão, pode buscar a realização dos seus sonhos.

— É verdade, concordou Lucas. Mas por que o leão da jaula é o empregado?

Paulinho continuou.

— Aparentemente, mas só aparentemente, a vida na jaula é uma beleza. O leão não precisa caçar, as refeições lhe são dadas sem que faça esforço. Vive mais porque tem a assistência do veterinário e, quando está velho, é alimentado do mesmo jeito. Não tem que lutar contra hienas que queiram roubar a sua presa, não luta contra rivais quando quer namorar e não precisa proteger os filhotes contra predadores. Enfim, na jaula, ele não corre riscos. Mas, preso, não passa de um manequim na vitrine, com a missão de satisfazer a vontade de outros. Na jaula, a vida do leão perde o significado, não é dirigida por ele. Ele não faz o que deseja, não tem condições de realizar seus sonhos. Preso, o leão não é o leão.

FIM

 ## DUDA E SUA ARTE

Desde os três anos de idade, o brinquedo preferido de Duda era desenhar e colorir. Como seus desenhos eram muito bonitos, a família logo achou que ela seria uma grande artista. Famílias são assim: sempre acham que os filhos farão sucesso. Mas o talento de Duda era mesmo verdadeiro. Com muita criatividade, ela fazia vasos de cerâmica numa oficina que seu pai tinha montado nos fundos da casa. Fazia lindos vasos que eram dados de presente a parentes e amigos. Um dia, aos 17 anos, ela se perguntou: se todos gostam dos meus vasos, será que posso vendê-los e ganhar algum dinheiro? Com a ajuda do pai, ela transformou a oficina em uma loja. Nos finais de semana, fazia os vasos e, nos outros dias, os vendia.

Ela estava entusiasmada com a loja. Trabalhava muito, até durante a noite. Duda era uma adolescente alegre, de bem com o mundo. Estava realizando um sonho: amava fazer os vasos. Melhor ainda se ganhasse algum dinheiro com eles.

Então, Duda resolveu abrir uma microempresa, fácil de se criar e com vantagens nos impostos. Duda não tinha medo do trabalho. Enfrentava todos os problemas com coragem. Quando não sabia algo, procurava ler e conversar com pessoas experientes e com outros empreendedores.

Apesar disso, Duda não estava feliz. Na verdade, ela não gostava de atender os clientes. Preferia ficar longe do balcão. Ir trabalhar passou a ser um sacrifício. Apesar de tudo, as vendas cresciam e os lucros aumentavam. Mesmo assim, ela decidiu fechar a empresa.

Desmotivada, preferiu voltar à sua vida anterior, em que se dedicava somente a fazer e pintar os vasos como *hobby*. Decidiu que iria procurar outra profissão. Talvez tornar-se professora primária.

Mas por que se sentia triste e desinteressada? Por que fechou a empresa que parecia ser um ótimo negócio?

A explicação que Duda deu à sua família foi que adorava fazer os vasos, mas não gostava de cuidar da parte administrativa, das operações da sua pequena empresa. Detestava comprar o material, pagar contas, enfrentar a burocracia do governo.

Achava chato fazer o que não gostava. Mas o que mais desanimou Duda foi ter que atender a clientes que queriam reduzir o preço dos seus vasos e pechinchavam. Duda sabia que negociar preço é normal. Ela mesma fazia isso quando ia comprar algo. Mas ela se sentia ofendida quando alguém pedia desconto, achava que o valor da sua arte não era respeitado.

FIM

4.3 JÚLIA, A MENINA QUE NÃO PARAVA QUIETA

O meu nome é Júlia. A história que vou contar aconteceu há muito tempo, quando eu tinha oito anos, e fez a minha vida mudar como num sonho. Foi uma mágica!

Eu tinha problemas na escola: não conseguia prestar atenção ao que o professor dizia. Toda hora eu levantava da carteira sem motivo e perturbava os outros alunos. Eu não fazia isso para atrapalhar as aulas. Era porque tinha algo dentro de mim que não me deixava ficar quieta; eu tinha que me movimentar.

É claro que os professores não gostavam de mim porque, além da bagunça, eu não fazia os deveres de casa e tirava notas baixas. A minha caligrafia era desleixada, horrível. Enfim, eu era um desastre na escola.

Um dia, o diretor da escola chamou minha mãe e lhe disse que eu tinha dificuldades de aprender e que eu deveria ser levada a um médico especialista em comportamento de crianças.

Eu tive medo de ficar de castigo, de ter que tomar remédios, ou pior, ser obrigada a ir para uma escola especial.

Quando eu e minha mãe entramos na sala do médico, eu estava um pouco apavorada. Ele conversou conosco sobre os meus problemas na escola, as minhas notas, a bagunça que eu fazia e tudo mais.

Depois, o médico virou-se para mim e disse: "Júlia, agora eu e sua mãe vamos sair desta sala para conversar. Você pode esperar aqui sozinha? É rápido".

Eu queria dizer: "Não quero ouvir tudo que vocês vão falar, porque é um exagero o que dizem de mim". Mas eu disse: "Sim, eu espero", enquanto olhava para o bico do sapato. Antes de sair, ele ligou o rádio e uma música invadiu a sala.

Eu comecei a dançar por toda a sala, seguindo a música. Não senti o tempo passar, a música me fazia voar. Parei quando a minha mãe me chamou para ir embora. Quando ela me disse que eu não tinha que tomar nenhum remédio, comecei a pular de alegria.

Já em casa, minha mãe me contou que o médico e ela ficaram me observando pela fresta da porta

(Eu não sabia que adultos faziam isso). E depois, o médico disse:

"Veja como sua filha é graciosa. Quanta leveza e ritmo. Repare na sua expressão de felicidade enquanto dança. Ela não está doente, ela é uma bailarina. Ela se expressa por meio de movimentos do seu corpo. A senhora deve matricular a Júlia em uma academia de balé".

Eu tive a maior surpresa da minha vida. Abracei a minha mãe e lhe disse.

— Quer dizer que eu não estou doente, que não tenho nenhum problema?

— Você não tem problema algum. O médico disse que você tem um talento que faz com que se expresse utilizando o corpo e por isso fica agitada.

Eu comecei a pular e correr pela casa. A minha mãe me acompanhava com um sorriso nos lábios. Na semana seguinte, ela me matriculou em uma escola de balé. Eu me lembro como se fosse hoje quando entrei na academia de dança e vi tantas pessoas parecidas comigo. Elas também adoravam dançar, falavam com o corpo. Conversavam sem palavras. Eu fiquei encantada. Era como se as pessoas que estavam dançando falassem comigo. Elas sabiam ler o meu olhar. Eu tive a sorte de ter encontrado um médico que descobriu o meu talento. A minha vida mudou. Até esse dia, eu era um problema, ninguém apostava no meu futuro.

Dediquei a minha vida ao balé*, tanto como bailarina quanto cenógrafa. Quando a gente gosta do que faz, o trabalho passa a ser uma diversão, parece um brinquedo. Eu tive a sorte de transformar a minha paixão em sucesso. Um dia, quando vocês virem ou ouvirem os musicais *O fantasma da ópera* ou *Cats*, lembrem-se de mim.

Quantas pessoas passam a vida sem descobrir os seus talentos! Vai chegar o dia em que todas as escolas se dedicarão a ajudar os alunos a descobrirem seus talentos.

FIM

---

* A presente história é uma adaptação da palestra do educador inglês Sir Ken Robinson, no TED.com, sobre a grande bailarina e coreógrafa inglesa Gillian Line, falecida em 2016, criadora de sucessos monumentais como *O fantasma da ópera* e *Cats*.

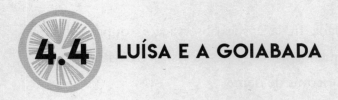# 4.4 LUÍSA E A GOIABADA

Luísa tem 11 anos de idade. Ela mora em Ponte Nova, pequena cidade de Minas Gerais, orgulhosa de produzir, segundo seus habitantes, a melhor goiabada do mundo. Aproveitando essa reputação, ela criou uma fábrica de goiabada cascão. Mas não queria fazer como todo mundo: goiabada em barras ou em pasta. Luísa queria criar algo diferente, que pudesse chamar a atenção do consumidor. Quando Luísa cisma com alguma coisa, não duvide, ela vai atrás.

Como na escola não tinha aula sobre criatividade, Luísa resolveu desenvolver essa habilidade sozinha. Começou pesquisando na internet, tendo cuidado para verificar a procedência das fontes. Criava alguns exercícios e praticava os que eram desafiadores e divertidos. Também passou a agir sem medo de errar. Ela começou a observar tudo que a cercava de forma diferente.

Nada fugia à sua observação: roupas, objetos, brinquedos, videogames, revistas, livros, aulas na escola, escovas de dente.

Para qualquer coisa ou problema, ela criava versões e diferentes soluções. Desenvolvia ideias malucas, fazendo perguntas para si mesma, que começam assim: e se...

...e se as pedras crescessem?

...e se as nossas mãos tivessem seis dedos?

...e se nós nascêssemos velhos e morrêssemos bebês?

...e se as árvores andassem?

...e se a água não apagasse o fogo?

É lógico que tinha imenso prazer em inventar uma forma de tornar as aulas do colégio menos chatas.

E se os alunos fossem os professores? E se todos os livros para estudar fossem histórias interessantes? E se todos fossem androides? E se os gatos forem robôs? E se a gente pudesse falar sem emitir som, comunicando somente pelo cérebro? E se não existissem chefes? Por que o erro é punido na escola? Por que a gente não pode aprender com erros, já que estamos sempre errando? E se quem errasse mais, tivesse nota mais alta?

Enfim, deixava que as ideias pulassem e dançassem em sua cabeça.

Ela dizia que estava fazendo ginástica para fortalecer os músculos da imaginação. Quando tinha um objetivo específico, ela se dedicava de corpo e alma para alcançá-lo.

Naquele momento, ela queria inovar na fabricação da goiabada: inventar uma receita* ou criar uma que atraísse os consumidores, um novo jeito de vender, um novo estilo de propaganda. Quem sabe, novos pontos de venda?

Ela sabia que a criatividade não tinha hora para chegar ou para ir embora. Podia acontecer quando estivesse dormindo, tomando banho, penteando o cabelo, durante uma aula ou um filme. Por isso, dava espaço à imaginação, não importasse o momento que atravessava. Quando se sentia pouco inspirada, dizia que a sua imaginação tirara férias sem avisar.

Um belo dia, quando estava no salão cortando o cabelo, folheava uma revista qualquer, distraindo-se com as fotos, enquanto o pensamento era

---

* Trecho inspirado no livro *O segredo de Luísa*, do mesmo autor, Editora Sextante.

ocupado por uma goiabada. Ao virar para cumprimentar uma amiga que chegava, deixou a revista cair no chão. Ela se abriu na página em que uma reportagem sobre emagrecimento mostrava as costumeiras fotos da mesma mulher: antes (gorda) e depois (magra). O texto falava sobre o sonho da beleza, a preocupação com a saúde, vida saudável. A manchete era: "O corpo ideal. Luta contra a obesidade se transforma em obsessão". De um fôlego, leu toda a reportagem.

Um turbilhão de ideias veio à sua mente. Imaginou que a goiabada podia ter uma versão "natural" para atletas, crianças, mulheres que queriam manter a forma. A imagem do produto seria associada à saúde, à energia, ao esporte, à dieta. Poderia vendê-la nas academias de ginástica. Haveria sabores inéditos, novas misturas. A embalagem conteria uma pequena porção individual para ser comida como um tablete de chocolate. Caberia na merendeira das crianças, na sacola dos tenistas, na bolsa das mulheres. O produto seria menos perecível, dispensando a geladeira. Mas a qualidade seria preservada.

A amiga ficou sem entender quando Luísa falou tchau para ela e saiu correndo do Sereia Azul, tendo nas mãos a revista e, na cabeça, uma ideia de produto. A criatividade é assim. Parece que é só um estalo, "eureca", mas geralmente surge depois de muita concentração.

FIM

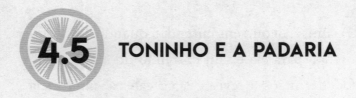

4.5 TONINHO E A PADARIA

O meu nome é Henrique Alberto. Hoje, sou um adulto. Mas a minha pequena história começa quando eu tinha 8 anos.

Em Belo Horizonte, décadas atrás, não havia drogas, ou se havia, não geravam violência como hoje. As nossas brincadeiras e divertimentos aconteciam na rua: andar de bicicleta, jogar pelada, bolinha de gude, bente-altas, maré. Um dos meninos da turma era o Toninho, garoto que trabalhava na padaria. Ele era um pouco mais velho, tinha 11 anos, e era filho de uma empregada da casa do Ivanzinho, o menino mais rico da rua. Naquela época, não havia proibição ao trabalho do menor. Toninho chegava às 6 horas na padaria para assar o pão e fazer entregas nas casas da vizinhança. No resto do dia, atendia clientes no balcão, ficava no caixa. Fazia de tudo. Ele conhecia todo mundo e todos gostavam e confiavam nele.

À tardinha, ele ia se encontrar com a nossa turma, em que todos, à exceção dele, eram da classe média e classe alta.

O tempo voou e todos os meninos da rua foram para a universidade. Eu fiz o curso universitário nos Estados Unidos e, depois, ainda cursei um MBA, um curso de pós-graduação muito caro, dirigido a quem quer administrar uma empresa. Fiquei fora sete anos. Dentre os amigos da turma, eu era o que mais tinha estudado. No dia em que voltei, fui à padaria para dar um abraço no Toninho. Ele tinha abandonado os estudos aos 14 anos, porque tinha que trabalhar. A padaria tinha crescido, a loja do lado fora anexada. Tudo havia melhorado. Mas o que mais me surpreendeu foi quando Toninho me disse que agora ele era o dono da padaria.

Meu pai me disse que me ajudaria a abrir uma empresa e me perguntou em qual área eu iria atuar. Eu ainda estava sob o impacto do sucesso de Toninho que, sem estudo, tinha conseguido ser dono de uma grande padaria. Então, pensei: se o Toninho, que não tinha estudado muito, conseguiu ser dono de uma padaria, eu acho que, com tantos anos de estudo, poderei ter mais sucesso do que ele. Meu pai concordou em financiar a nova padaria.

Eu pesquisei receitas, encomendei equipamentos modernos e caros. Aluguei um espaço nobre, vizinho à padaria de Toninho. Seria a primeira unidade de uma rede. Contratei um arquiteto especializado e montei a padaria. Fiz um bom planejamento, criei estratégias, missão, objetivos, metas. Apliquei tudo que tinha aprendido no MBA e inaugurei a padaria com uma festa. Do escritório envidraçado, eu podia ver o que acontecia. No entanto, no nono mês de funcionamento, o meu moderno sistema informatizado mostrou que a padaria estava quebrada. Enquanto isso, a padaria de Toninho estava sempre lotada de clientes. O que teria acontecido? Eu tinha os melhores equipamentos, a loja mais bem montada no mesmo local da padaria do Toninho.

Tive que fechar a padaria. Tentei identificar os erros que eu havia cometido para aprender com eles. Fui arrogante ao me comparar com Toninho. Eu não entendia o ramo de padarias. Eu tinha aprendido teorias sobre administração, mas nada sobre padarias. Eu achei que tendo ótimas instalações e equipamentos modernos seria possível fazer um bom produto e atrair clientes.

Cada tipo de negócio tem suas particularidades. Toninho, mesmo sem estudo, sabia muito mais do que eu sobre como uma padaria deveria funcionar. Ele conhecia os bons fornecedores, os concorrentes e, principalmente, os clientes. Contava com empregados antigos, com muita experiência. Sabia delegar, mas acompanhava de perto tudo o que era feito, punha a mão na massa, literalmente. Chegava cedo, antes de todos os empregados. Às seis da manhã, já estava no balcão para atender os primeiros clientes que conhecia muito bem; chamava-os pelos nomes e sabia o que eles queriam. Tinha o hábito de pedir sugestões aos clientes e ouvir reclamações. Fazia entrega nas casas dos mais idosos, sem cobrar. Os produtos das duas padarias eram semelhantes, tinham a mesma qualidade. O diferencial estava na qualidade do serviço e na confiança que os clientes tinham no Toninho, construída nos 15 anos de relacionamento. Eu chegava à padaria às nove horas. O atendimento era feito pelos empregados, eu praticamente não me relacionava com os clientes. Eu achava que a minha função era somente pilotar o barco, dar as ordens. Mas, de fato, eu não tinha controle sobre como tudo era feito, não somente os pães, mas os bolos, doces e salgados. O pior é que não tinha aberto um canal direto que me ligasse aos clientes. Aprendi mais com a falência da padaria do que no MBA.

FIM

4.6 O CARRINHO DE ROLIMÃ

O meu nome é João, tenho dez anos de idade. Até o mês passado, antes de mudar para Belo Horizonte, eu morava em uma cidade muito pequena. Eu estranhei muito, porque as crianças, por falta de segurança, não podem brincar na rua, andar de bicicleta, jogar bola, bolinha de gude e outras coisas.

Os meus pais dizem que, na cidade grande, as pessoas são assaltadas na rua. De onde vim, não tinha isso. Acho que os meninos daqui nunca viram um carrinho de rolimã. Eu sinto muita falta de descer a ladeira no meu carrinho de rolimã, que eu mesmo fiz. No domingo, fomos à praça perto de casa. Eu levei o meu carrinho de rolimã e confirmei que, como eu pensava, era algo inteiramente novo para os meninos. Eu queria mostrar a eles como o carrinho de rolimã era legal. A praça tinha uma boa inclinação que dava muito bem para descer de carrinho. Eu tinha a certeza de que os meninos gostariam.

Foi um sucesso. Todos queriam andar, até fizeram fila. Mas o legal seria se cada menino tivesse o próprio carrinho para a gente fazer corridas. Muitos perguntaram onde eu havia comprado o carrinho. Eles ficaram surpresos quando eu disse que eu o tinha feito. Como carrinhos de rolimã não são vendidos em lojas, tive uma ideia: eu poderia fazer e vender carrinhos para os meninos. O preço seria baixo. Para ter certeza, eu fiz um teste. Desmontei o meu carrinho e anotei todas as peças necessárias: rolimãs, parafusos, pregos, madeiras. Como sempre, eu iria usar as ferramentas do meu pai. Marquei quanto tempo eu demorava para montar um carrinho.

Pesquisei na internet o preço de cada peça e calculei o valor final de um carrinho. Os rolimãs, conseguiríamos de graça porque eram peças descartadas nas oficinas de automóvel. Mostrei a relação com as peças e os preços para o meu pai. Ele me disse:

— Faltam ainda outros custos como o aluguel

da garagem, energia elétrica, móveis, ferramentas e tudo que for necessário para a fabricação. Não se esqueça de que o seu trabalho também tem um custo.

— Mas o senhor vai me cobrar aluguel da garagem, energia elétrica e o uso de ferramentas?

— Não vou, mas esses custos existem, sem eles você não consegue fazer o carrinho. Se a oficina crescer e você fizer muitos carros, vai ter mesmo que alugar um pequeno galpão, talvez contratar um ajudante, pagar água, luz, telefone etc.

Eu acrescentei os custos que o meu pai mencionou e fiquei assustado com o valor total.

Não tinha dinheiro para fabricar os dez carrinhos que queria. Resolvi pedir ao meu pai, mas a resposta que obtive foi "só vou lhe dar a mesada". Por essa, eu não esperava. Como conseguir dinheiro para fabricar os carrinhos? Depois de pensar muito, tive uma ideia.

Na praça, contei aos meninos o que estava acontecendo e perguntei se eles poderiam pagar o carrinho adiantado e recebê-lo duas semanas depois. Assim, eu conseguiria o dinheiro. Os meninos ficaram de conversar com os pais.

A semana demorou a passar, eu estava aflito. No domingo, eu fui cedo para a praça. Nove meninos concordaram em pagar adiantado.

Trabalhei muito nas duas semanas que se seguiram. Alguns meninos me ajudaram a fabricar os carrinhos e, assim, consegui entregá-los no prazo.

Eles teriam uma versão básica, enxuta, isto é, somente seriam montados com os recursos mínimos necessários para andar.

Visitei duas pequenas oficinas que consertavam bicicletas, aparelhos elétricos e a oficina onde meu pai consertava o carro. Eles me deram muitas dicas.

Conheci muita gente que poderia me ajudar. É lógico que o meu pai me acompanhava.

Quando, duas semanas depois, levei os carrinhos na caminhonete do meu pai, foi uma folia. Fizemos uma corrida improvisada, com a torcida dos pais. Logo depois da corrida, no entanto, tivemos uma surpresa não muito agradável.

Um funcionário do setor de trânsito da prefeitura, outro da fazenda municipal e outro da área de parques e jardins, acompanhados por dois guardas municipais, com revólver e tudo, chegaram à praça e procuraram os nossos pais.

Eles informaram que estavam ali para proibir o uso de carrinhos de rolimã na praça. Também queriam saber se havia licença para produzir e vender os carrinhos.

Claro, as crianças ficaram revoltadas com a proibição sem aviso prévio. No entanto, todos concordaram que devíamos seguir o que mandava a lei.

O pai de um dos garotos se ofereceu para abrir

uma empresa MEI*. Enquanto isso, suspendemos o uso dos carrinhos na praça. Mas havia outro problema. O funcionário do setor de parques e jardins disse que, por motivo de segurança, pois ali andavam crianças menores de três anos, não autorizava o uso de carrinhos de rolimãs.

Foi aí que aprendi que a palavra "não" é constantemente usada pelos funcionários públicos, porque significa que novos encargos não serão necessários. A palavra "sim" abre uma possibilidade de surgirem novas tarefas, o oposto do que desejam.

Em casa, tive apoio dos meus pais que disseram: isso já era demais! Eles disseram um não sem procurar uma solução. Era pouco caso.

---

*Micro empresa individual.

O pai de um dos meninos, jornalista, escreveu sobre a criatividade e empreendedorismo das crianças. Eu adorei, porque o tema ganhava as ruas.*

Foi então que fiquei sabendo que ali perto, na Av. Pioneiros, a prefeitura interdita, aos domingos, metade da pista para as pessoas caminharem. Essa avenida tem também uma ciclovia. O mesmo poderia ser feito na avenida que rodeava a praça.

Então, pensei em pedir ao prefeito para, também aos domingos, fechar o trânsito na ladeira. Na minha cidade, por ser muito pequena, eu encontrava o Prefeito na rua e podia falar com ele.

Meu pai me disse:

— O prefeito não tem tempo para nada, ainda mais para conversar com uma criança. Além disso, provavelmente, ele nem sabe o que é um carrinho de rolimã.

---

* As tradicionais barracas onde crianças vendem limonada nas férias de verão são um dos ícones do empreendedorismo nos Estados Unidos, uma espécie de batismo para futuros empreendedores milionários. Recentemente, a polícia fechou algumas barracas à força sob o argumento de que não estavam legalmente autorizadas. A polícia estava mexendo com quem não devia. A sociedade norte-americana se revoltou furiosamente. Os excessos da polícia e da burocracia ganharam as mídias sociais e novas leis foram criadas para proteger seus futuros empreendedores.

Mas não desisti. Mesmo assim, escrevi uma carta para ele e a enviei pelo site da prefeitura.

Senhor prefeito.

O meu nome é João e tenho dez anos. Seria muito legal se as crianças tivessem uma ladeira para andar de carrinho de rolimã. Nos domingos, a prefeitura proíbe o trânsito na Av. Pioneiros para as pessoas caminharem. Por isso, eu peço que o mesmo seja feito na ladeira da Praça do Papa para que a gente possa andar de carrinho de rolimã. Se o senhor quiser e tiver tempo para falar comigo, posso apresentar-lhe a minha ideia.

Muito obrigado.

João.

Creio que o jornalista, pai do meu amigo, deu uma força, porque um belo dia recebi uma mensagem de um funcionário da prefeitura dizendo que queria saber o que era o carrinho de rolimã. E lá fomos, meu pai e eu, levando um carrinho. O funcionário achou a minha explicação convincente.

— Vou bloquear a ladeira durante quatro domingos. Se tudo funcionar bem, poderei liberar definitivamente. Mas tem uma coisa. Para ninguém pegar no meu pé: os pilotos devem usar capacete, luvas e joelheira.

Eu não tinha pensado nisso. Ele tinha razão.

Passados alguns meses, já com dezenas de carrinhos vendidos, outras empresas começaram a nos imitar. Para eu continuar a vender, teria que fabricar carrinhos mais atraentes do que os outros. Como eu conhecia bem os meninos – na verdade, meus clientes –, eu sabia que eles adoravam montar os carrinhos e colocar decalques. Então, bolei algo que as outras empresas não tinham. Passei a vender kits para a montagem do carrinho. Os meninos podiam optar por decalques dos super-heróis, de clubes de futebol, de artistas. Tinha até uma versão em que o carrinho tinha aerofólio. Tudo isso com preços mais baratos. Eles passaram a colocar fotos no Facebook e no Instagram e, com isso, todo mundo ficou conhecendo os nossos carrinhos. Tivemos muita propaganda de graça. Por causa do sucesso na ladeira da praça, depois de algum tempo, consegui na prefeitura a liberação de outras ladeiras e, pelas redes sociais, organizei um campeonato na cidade oferecendo prêmios. Criei um canal no YouTube e usei as mídias sociais. Como Belo Horizonte é construída em cima de morros, a quantidade de clientes era imensa. Não foi difícil conseguir patrocínio. Pensei em criar outros produtos, utilizando novas tecnologias.

O desenho estilizado do primeiro carrinho, o xodó da empresa, passou a ser a logomarca.

FIM

4.7 LIMPEZA PURA

Eu me chamo Mariana,* moro em uma pequena cidade de Minas Gerais e tenho 13 anos. Os meus melhores amigos, todos colegas no colégio, são a Clarinha, o Gabriel, a Aninha e a Paula. Mas o que vou contar tem a ver com outra amiga, a Marta, que eu adoro e é muito pobre. Naquele mês de chuvas, como sempre acontece, o rio que passa no centro da cidade inundou vários bairros. O pequeno barraco onde Marta morava com sua mãe e a sua irmã de um ano foi muito castigado. Nos bairros pobres, como o de Marta, havia muitos desabrigados e faltava água potável. Como de hábito, o prefeito prometia, mas não agia.

---

* Essa história foi inspirada em fatos reais durante a implementação pelo autor do livro, da educação empreendedora em uma escola pública de Belo Horizonte. É citada também no livro *A ponte mágica*, do autor, Editora Sextante.

Eu queria fazer algo para ajudar a família de Marta e outros desabrigados. Passei a noite tentando encontrar uma ideia e nada. Mas parece que elas estavam esperando que eu acordasse para aparecerem. Logo que saí da cama, lembrei-me de que, na aula de ciências, a professora havia ensinado como fazer material de limpeza para casas e filtro para tornar a água potável. Foi só juntar as coisas para que surgisse uma ideia. Lembrei que a professora de empreendedorismo havia falado que as inovações surgem da combinação de diferentes ideias.

Durante o café da manhã, a minha cabeça estava a mil, não parava de planejar: "Vou chamar os meus amigos para produzir o detergente e os filtros de água. O detergente seria vendido na loja "Para Todos", a mais popular da cidade, que era do meu tio. Também em outras lojas que quisessem ajudar. Para cada garrafa de detergente comprada, o cliente levaria de graça dois filtros e assumiria o compromisso de entregá-los a quem precisava. O custo de cada filtro já estava incluído no preço final do detergente. Os clientes saberiam que contribuiriam para que a população pobre, atingida pela enchente, pudesse ter água potável.

A rádio e o jornal iriam divulgar. Em cada garrafa, e no filtro, seria colocada uma etiqueta: "Ajude os desabrigados". O lucro da venda, se houvesse, seria usado para ajudar na recuperação das casas.

Mas tudo teria que ser feito com muita rapidez. Marquei uma reunião com meus amigos para depois da aula.

Contei para eles o meu plano e sugeri a criação da empresa com o nome "Limpeza Pura". Eu disse: ninguém vai se recusar a ajudar os pobres. Eu pedi à prefeitura uma relação das casas atingidas. Ao comprar o detergente, o cliente receberia os endereços onde iria entregar os filtros.

Gabriel disse:

— Poxa, você pensou em tudo. O que você quer que a gente faça?

Essa era a pergunta que eu queria ouvir. Sozinha, eu não conseguiria nada.

— Vocês vão fabricar e vender os filtros e o detergente. Topam? Vamos mostrar que crianças podem fazer alguma coisa. A fabricação será na garagem da minha casa. Inicialmente, a venda será na loja do meu tio, "Para todos", mas outras lojas poderão aderir. Além da rádio e do jornal, vamos ter apoio do "Movimento das Donas de Casa", uma dica da Clarinha cuja mãe faz parte do movimento.

Acho que eu tinha pensado em tudo, ou quase, pensou Mariana. Surpreendi meus amigos que, mesmo cheios de dúvidas, ficaram entusiasmados.

Gabriel, aflito para começar, disse:

— A primeira tarefa é recolher a maior quantidade possível de garrafas PET de 2 litros. Lembram-se da fórmula que aprendemos na aula de ciências?

Clarinha sugeriu:

— Vamos pedir as garrafas vazias nos bares e restaurantes, também nas famílias que conhecemos.

— Temos que fazer um rótulo para colocar em cada produto e um cartaz, com os produtos e os preços, para distribuir pela cidade – disse Carolina.

— Eu posso fazer a logomarca no computador, disse Gabriel. Toda empresa tem uma marca, um desenho, para identificá-la. Vou imprimir em papel adesivo. Posso também fazer cartazes para espalhar pela cidade.

— Está ótimo, disse Mariana. Estive pensando e acho que poderíamos trabalhar das duas até as cinco da tarde, todos os dias.

— Mas sozinhos não vamos conseguir produzir muito.

— Nós quatro vamos fabricar as primeiras unidades. Depois que estivermos com prática, vamos chamar outras pessoas e pedir o apoio de associações para nos ajudar na fabricação.

— Como pagar, se não temos dinheiro?

— As matérias-primas são muito baratas. Lembram-se do que é necessário? Garrafas PET, que podemos conseguir de graça, balde para receber a água filtrada, areia grossa (previamente limpa) e um pouco de carvão vegetal.

Eu mesma, pensou Mariana, fiquei surpresa com a quantidade de ideias e sugestões dadas pelos meninos. Agitadíssimos, eles conversavam com todos buscando novas sugestões e apoio.

Paula se ofereceu para fazer uma vaquinha no colégio para fabricar dez garrafas e dez filtros.

— O custo é muito baixo, todos podem fazer uso das mesadas. Depois que começarmos a vender e der certo, acho que os adultos se animarão a ajudar. Vamos procurar empresas para financiar. Em troca, vamos colocar o nome delas nos rótulos dos produtos.

— Fiz um planejamento detalhado que nos ajuda a reduzir os riscos. Todos precisam dos nossos produtos, não são supérfluos. Vamos vender muito barato. O risco refere-se somente às matérias-primas. O nosso trabalho e das outras pessoas será voluntário. Eu sei que, mesmo assim, pode dar errado. Por isso, vamos fazer um teste com os clientes e ver se aprovam os produtos. Só, então, começaremos a produzir em maior quantidade. Vamos procurar fazer parcerias com os empreendedores da cidade. As empresas poderão colocar as suas marcas nos filtros e detergentes. Eles terão seus nomes associados a uma causa justa.

Gabriel sugeriu:

— Nós não vamos pedir dinheiro à prefeitura?

— Eu pensei nisso, mas acho muito complicado e demorado, além de alguém querer tirar proveito eleitoral. É melhor não contar com a ajuda do governo. Eu garanto uma coisa para vocês: se, apesar de todo o nosso cuidado, algo der errado, eu pagarei com o meu trabalho, não se preocupem.

— Que exagero – disse Paula – nós estamos juntos.

Gabriel falou:

— Na garagem da sua casa não vai caber a nossa fábrica quando chamarmos os meninos. Papai tem um galpão que está desocupado. Podemos utilizá-lo.

Eu fiquei alegre com o ânimo dos amigos, que saíram da reunião produzindo ideias, antecipando problemas e soluções.

Em seguida, eu mostrei a planilha com todos os materiais, quantidades e custos.

— Como conseguiu as informações?

— Telefonei, perguntei nas lojas, pesquisei na internet. Acho que pensamos no principal. Certamente, na prática, surgirão problemas que resolveremos na hora.

FIM

4.8 DO OUTRO LADO DO RIO

Toninho é um menino de 13 anos. Ele mora em uma fazenda onde o pai é peão. No mundo todo, cerca de 80% das pessoas moram em cidades.

Nos centros das grandes cidades, a gente vê muitas pessoas. Muitas vezes, as crianças não podem andar sozinhas na rua porque é perigoso. Você sabe por quê?

A fazenda onde Toninho mora fica a dez quilômetros de uma pequena vila. O peão é o empregado encarregado de cuidar das plantações e das criações, ou seja, das vacas, dos porcos, da plantação do milho, café, do pomar, da horta.

A casa dele é pequena, tem uma sala e um quarto. A cozinha e o banheiro ficam fora da casa. Toninho tem dois irmãos, o Luiz, de seis anos de idade, e a Marta, de três. Eles dormem na sala e seus pais, no quarto. Na roça, todo mundo deita cedo porque o trabalho começa antes do sol nascer.

Os filhos ajudam a mãe em casa. Perto da casa, há um rio bonito. Da sua casa basta andar menos que cinco minutos para chegar à margem. Toninho aprendeu a nadar e a pescar no rio.

Toninho é muito criativo. Está sempre inventando coisas. Ele acha que tudo pode ser melhorado. As pessoas da roça achavam que ele era maluco. Ele não se importava, ria por dentro porque acreditava em si mesmo e tinha um grande prazer em inventar coisas. Ele estava sempre atento a tudo que acontecia à sua volta.

Um dia, ele resolveu um problema que os adultos não conseguiam solucionar. As galinhas viviam doentes, muitas morriam. Isso acontecia principalmente durante as chuvas e no inverno, quando soprava um vento frio. Ele pensou: se as pessoas pegam resfriado quando sentem frio, as galinhas também pegam! Toninho, então, colocou uma cortina de plástico para proteger as galinhas do vento forte e das chuvas. Ninguém sabe se foi por causa da cortina, mas as galinhas não ficaram mais doentes.

Ele também salvou as galinhas das raposas que atacavam o galinheiro. Os homens ficavam de tocaia com espingardas para matar o bicho, mas não conseguiam. Um dia, Toninho fez uma armadilha para a raposa. Era um tambor com uma isca dentro. Quando a raposa entrava para comer a isca, o tambor girava e jogava a raposa num tanque de água e o animal ficava preso.

A partir daí, ele começou a ser levado a sério.

Apesar de ter 11 anos, Toninho não sabia ler nem escrever. A escola tinha sido inaugurada naquele ano e os seus pais não podiam ensiná-lo porque também nunca tinham ido à escola. A escola fica na outra margem do rio, que tem uma correnteza muito forte e é largo, cerca de 15 metros. Todos os dias, Toninho tem que atravessar o rio usando uma canoa, porque não existe transporte coletivo para levá-lo do seu rancho até a escola. Se fosse a pé, teria que caminhar mais de três horas até a ponte mais próxima.

Um canoeiro leva as pessoas até a outra margem. Toninho vai às 6h30 da manhã e volta às 12h30. Cada passageiro tem que pagar a passagem. Ele adora atravessar o rio. Tudo é bacana. A força das águas é tanta que eles precisam cruzar o rio na diagonal: os braços fortes do barqueiro remam contra a correnteza que, mesmo assim, os arrasta muitos metros abaixo. É necessário sair de um ponto a montante bem antes do lugar onde estava a escola.

O sino da escola, que na outra margem é só um ponto, vai crescendo à medida que o barco se aproxima.

Toninho ficava fascinado com tudo que via na escola: a professora de óculos que sabia tudo, os colegas que riam escondido, as carteiras com um lugar para pôr os cadernos e um sino que marcava a hora de começar a aula, hora do recreio e hora de ir embora. Não cabia em si de tanta alegria. Nunca havia visto tantas crianças da mesma idade. Eram 14! E todas moravam na outra margem do rio. Toninho pensou que, se não fosse a escola, jamais iria conhecê-las. Tinha também uma pequena biblioteca, composta por livros que os alunos de outros anos já tinham usado. Tinha uma caixa com um lápis para cada aluno, mas só três borrachas. Na hora do recreio, era uma folia. Jogavam futebol no campo de terra, brincavam de queimada, peteca e bente-altas. Toninho aproveitava todas as coisas boas que uma escola oferece. Aprendia coisas que os seus pais não sabiam.

Na segunda semana de aula, às 6h30 da manhã, quando Toninho foi para a margem do rio pegar a canoa, viu uma menina. Ela ficou parada na margem enquanto ele e as outras pessoas entravam na canoa para atravessar o rio. Já na canoa, ele virou-se para trás para ver a menina. Não conseguia tirar o olho dela. Ela ficara ali, imóvel, olhando a canoa atravessar o rio. Ele nunca tinha visto aquela menina. Os ranchos eram tão distantes que ele não tinha amigos e crianças para brincar. No dia seguinte, de manhãzinha, quando foi pegar a barca, lá estava a menina com a mesma roupa e descalça. O rosto dela não era alegre. Toninho percebeu que ela queria ir para a escola. Então, se aproximou dela e lhe disse:

— Como você se chama?

— Fernanda.

— Você quer ir para a escola?

— Quero.

— Então, por que não vem junto com a gente?

Ela, olhando para o chão, falou:

— Eu não tenho dinheiro para pagar o canoeiro. E também não sei se a professora vai me deixar entrar.

144 CRIANÇAS SÃO EMPREENDEDORAS

Toninho ficou sem saber o que responder.

O canoeiro e as outras pessoas berravam:

— Vem logo que já vamos cruzar o rio!

Já no barco, Toninho gritou para a menina:

— Volte amanhã, na mesma hora.

Durante a travessia, Toninho ficou olhando para Fernanda, imóvel na margem. Não sabia o que fazer com a Fernanda. Foi por impulso que pediu a ela para voltar no dia seguinte.

Durante a aula, a menina não saiu da cabeça de Toninho. Ele queria trazê-la para a escola e ficou imaginando meios de como fazer isso. Ele não sabia que, para Fernanda frequentar as aulas, os pais dela teriam que ir até a escola, apresentar documentos e assinar papéis para matriculá-la.

Para Toninho, o problema era um só: como Fernanda iria atravessar o Rio?

Ele ficou o dia inteiro pensando como poderia levá-la no barco. Imaginou muitas coisas: pensou em convencer o canoeiro a transportá-la de graça, uma pessoa a mais não faria diferença. Pensou também em pedir para cada pessoa pagar um pouco mais. Pensou em pedir aos colegas e à professora para fazerem uma vaquinha. Em último caso, até pediria a seus pais para pagarem a passagem para a menina.

No dia seguinte, quando Toninho chegou à margem do rio, Fernanda já estava lá, de olhos arregalados, cheios de esperança. Toninho lhe disse:

— Pode vir, consegui um jeito de pagar a canoa.

Na verdade, Toninho não havia encontrado uma solução. Ele pagou a passagem da menina com o próprio dinheiro. É que seu pai lhe dava o dinheiro do mês inteiro para pagar o barco. O que ele não sabia era o que fazer no final do mês quando iria faltar dinheiro para pagar o canoeiro. "Mas isso eu vou resolver depois", pensou ele.

A manhã na escola foi legal. Os colegas receberam Fernanda muito bem. A professora percebeu que Toninho não tinha conhecimento das exigências para a matrícula e se comoveu com a história da Fernanda. Ela se prontificou a resolver o problema da matrícula na prefeitura. Alguns colegas se ofereceram para ajudá-la a recuperar as aulas que tinha perdido.

Toninho ficou feliz. Fernanda agora era sua colega.

Na semana seguinte, na hora de pegar a canoa, Toninho levou um grande susto com o que viu: seis crianças na margem do rio, olhando fixamente para a canoa e para ele.

Fernanda baixou os olhos e disse:

— A culpa foi minha. Eu contei o que aconteceu comigo, e eles também ficaram com vontade de ir à escola. Toninho não conseguiu dizer nada. E não sabia o que pensar.

Fernanda e Toninho entraram na canoa e voltaram o seu olhar para as crianças.

Meu Deus, pensou Toninho. E agora? O que fazer? Mesmo que o canoeiro quisesse levá-las de graça, não caberiam na canoa. Como trazê-las para a escola?

Pensou em várias soluções. Para cada ideia, tinha um problema a ser resolvido:

Ideia: o canoeiro poderia fazer duas travessias.
Problema: mas como pagar o canoeiro?

Ideia: um barco maior, para caber todo mundo.
Problemas: onde encontrar o barco? Um só canoeiro seria suficiente? Quantas pessoas teriam que remar?

Ideia: as crianças pegariam uma caminhonete que passava lá perto e ia para o centro da cidade, e lá elas iriam de ônibus até a escola. A mesma coisa na volta.
Problemas: escola só funciona pela manhã. O ônibus de volta saía às 8 horas da noite.

Como iriam jantar? Como pagariam a caminhonete e o ônibus?

Ideia: fazer uma ponte com um cabo de aço, carretilha e um banquinho de madeira. A pessoa sentaria no banco e seria puxada por outra pessoa na outra margem. Não custaria muito dinheiro.

Problema: todos disseram que seria muito perigoso.

Toninho ficou triste porque todas as ideias geravam problemas que ele não conseguia resolver.

No dia seguinte, Toninho teve outra ideia. "Por que não pensei nisso antes?". Deu um salto de alegria.

Ideia: pedir ao Prefeito para construir uma ponte.

Problema: como chegar até o prefeito?
Para esse problema, ele tinha a solução: pedir a

seu pai para levá-lo ao prefeito. Mas seu pai não conhecia o prefeito e achou que não seria recebido. Toninho tanto insistiu que o fazendeiro, patrão do seu pai, prontificou-se a levá-lo até o prefeito.

O menino ficou maravilhado com a sala do prefeito: mesa grande, tapete e ar-condicionado. Nunca tinha visto coisa tão chique. Mas os seus argumentos não convenceram o prefeito. Ele disse que não havia justificativa para se fazer uma ponte ali, porque pouca gente precisava atravessar o rio naquele ponto. O dinheiro da prefeitura não era muito e havia outras coisas mais urgentes.

Toninho ficou inconsolável. No dia seguinte, viu as sete crianças na beira do rio, com os olhos cheios de esperança.

Durante a semana, ao dormir, rolava na cama, tentando achar uma solução. Certa noite, surgiu uma ótima ideia. Toninho, então, relaxou e adormeceu logo em seguida. Acordou às seis horas, feliz e esperto como se tivesse dormido toda a noite. Não cabia em si de alegria.

Ele dizia para si mesmo: "O problema é só atravessar o rio. Então, comecei a procurar soluções para atravessar. Mas não era esse o problema. O que eu queria era que as crianças frequentassem a escola, não é? Pois então, o problema não é atravessar o rio, mas conseguir uma escola na margem de cá!".

Toninho aprendeu que, quando a gente procura uma solução, tem que usar a imaginação, ser criativo, sacudir o problema, colocá-lo de cabeça para baixo. Mas, principalmente, fazer a pergunta certa.

Depois que Toninho concluiu que o problema era arranjar uma escola e não atravessar o rio, um pensamento brotou em sua cabeça.

"Se as crianças não podem ir até a escola, a escola vai até as crianças!"

Ele, então, reformulou:

Ideia: ter uma escola do lado de cá da margem.

Problema: construir uma escola do lado de cá da margem do rio.

E uma vez mais, ele foi ao prefeito. Desta vez, sozinho, marcou um horário e esperou muito. Um, dois, sete dias.

No dia que o prefeito pode recebê-lo, ele explicou porque havia a necessidade de uma escola também na margem do lado de cá.

O prefeito disse que não havia dinheiro para construir uma escola e pagar mais um professor e todas as despesas decorrentes.

O prefeito disse ao Toninho:

— Você é um bom menino. Mas as suas ideias não são realizáveis. Preciso que você me traga uma solução e não um problema.

"O que há de errado com as minhas ideias? Será que todas elas são inviáveis?" – pensou Toninho.

"É loucura fazer uma ponte? Será que a ideia de fazer outra escola aqui é tão ruim?"

E começou a pensar sobre o que havia de errado em suas ideias.

Depois de muito matutar, Toninho descobriu que todas as suas ideias tinham algo em comum: ele esperava que os outros as transformassem em realidade. E não ele.

Chegou à conclusão que não basta ter uma ideia, a pessoa tem que ser capaz de transformá-la em realidade.

Como é muito difícil fazer tudo sozinho, é preciso saber convencer as pessoas a ajudá-lo. Mas tem que articular os recursos, coordenar as pessoas.

E de novo a sua cabeça girou e girou. As ideias fervilhavam tanto que mexiam com seus braços, com suas pernas, faziam-no andar pra lá e pra cá. Só não mexiam com a sua boca, que ficou fechada, sem dizer uma palavra.

A mãe perguntou: "O que tanto você faz andando feito um louco, menino?". E o pai: "Por que agita tanto, mexe tanto, bate prego, serra madeira, varre tanto, arruma tanto? O que você quer? Pode me contar?".

Toninho teve um estalo. E seu pai e sua mãe ouviram, depois de muito tempo, ele falar algo:

"Eba!!!"

Em seguida, falou para o pai: "O senhor pode me ajudar?".

Três semanas depois, ele chamou as sete crianças e lhes mostrou:

— Esta é a sua escola.

Com a ajuda do pai, Toninho tinha transformado o paiol abandonado em uma sala de aula.

É claro que as paredes não estavam pintadas. Eram de pau a pique, ou seja, feita de pedaços de madeiras e folhas entrelaçadas e presas pelo barro.

É claro que o chão não tinha taco ou cerâmica, era de terra batida.

É claro que o teto não tinha forro, via-se o sapé. É claro que não tinham carteiras como se vê na escola: eram caixotes velhos transformados pelo pai do

Toninho em bancos e mesas. É claro que aquilo não era parecido com uma sala de aula de uma escola real, da cidade ou do campo.

Mas era a escola que aquelas crianças tinham. Na parede, estava pregada na horizontal uma porta velha, sem fechadura, toda rachada.

— É claro que isso não é um quadro-negro, disse Toninho. Mas dá para escrever. Pegou um giz e escreveu ESCOLA e mostrou um sorriso gigante. Aqui tem tudo que uma escola precisa.

Toninho chamou as crianças. Agitadas, alegres, não sabiam o que dizer ou fazer. Uma delas lembrou:

— Falta uma coisa.

— O que falta? – perguntou Toninho.

Os meninos tinham uma interrogação no olhar.

— Uma menina respondeu: falta o mais importante, o professor!

Toninho sorriu, olhos firmes nos olhos da menina que fizera a pergunta, abriu os braços e falou para todos.

— Venham aqui amanhã, depois do almoço. Eu tenho uma surpresa para vocês.

As crianças arregalaram os olhos.

No dia seguinte, as crianças chegaram e encontraram no quadro-negro improvisado escrito com as palavras: "Escola do outro lado do rio". E logo abaixo, estava: "Boa tarde".

Toninho leu alto o que estava no quadro e disse para todos:

— Eu sou o novo professor da "Escola do outro lado do rio".

Os alunos ficaram surpresos e abriram um largo sorriso. Toninho resolveu que, a partir daquele dia, usando a sua poderosa memória e muita imaginação, iria transformar diariamente em história o que havia acontecido na escola, na manhã do mesmo dia.

Toninho havia feito uma pequena mesa de madeira para ele, onde as crianças encontravam lápis, borracha e folhas de papel. Para cada aluno, havia uma pequena cadeira, feita de caixote, com uma tábua para que pudesse escrever.

Após explicar o que estava escrito no quadro, ele passou a narrar:

— Lá na escola de verdade, a professora se chama Ângela, é muito legal. O seu filho, de um ano de idade, fica com a vó enquanto ela vai dar aula. O seu marido gosta tanto de pescar que quase...

E a partir daí, Toninho criava histórias para que as crianças entendessem com maior facilidade cada tema. Até os números eram transformados em personagens de histórias. O número 1 é primo do número 3, mas nenhum deles gostava do zero. Toninho pedia que as crianças contassem histórias sobre as suas experiências, casos que tinham ouvido, como eram os pais, os irmãos, a família...

Todos estavam muito motivados e alegres.

Logo ele conseguiu alguns livros de histórias infantis que lia para os "alunos". Depois, pedia que cada um fizesse comentários. No entanto, para completar o que faltava, e não era pouco, Toninho sabia que ainda teria que resolver um monte de problemas. Teve que dar asas à sua criatividade. Como todos iriam estudar nos livros, se só havia um, o do próprio Toninho? Como conseguir o lanche para a hora do recreio?

Com a sua criatividade e a ajuda das outras crianças (e de alguns adultos), os problemas iam sendo enfrentados.

Assim, desse jeito, a "Escola do outro lado do rio" foi tomando forma e, no fim do ano, os alunos já podiam ler.

Mas as coisas ficaram mesmo diferentes quando, um belo dia, a escola recebeu uma visita inesperada.

Mas essa é outra história que não dá para contar aqui. O que você acha que aconteceu?

Uma criança pode ensinar outras crianças? Uma coisa todos aprenderam: a cooperação atrai as soluções.

FIM

4.9 "EMPREENDER É ASSUNTO PARA CRIANÇA"

As empresas existem porque existem problemas ou desejos não satisfeitos. Quando alguém diz: "Tive uma ideia para abrir uma empresa", é porque encontrou a solução do problema sob a forma de um produto ou serviço. Veja a seguir informações sobre crianças e adolescentes que criaram produtos que despertaram grande interesse nos clientes. Eu as encontrei na internet (para pesquisar na internet, digite no seu *browser* as palavras em destaque). Pesquise também em outros sites e ficará surpreso ao encontrar crianças e adolescentes empreendedores que solucionaram problemas. Muitos ganharam dinheiro. Os brasileiros estão em menor quantidade, porque, aqui, a criatividade e a capacidade empreendedora das crianças e adolescentes não são devidamente estimuladas e apoiadas.

O brasileiro de Alagoas, **Davi Braga**, aos 13 anos de idade, criou a *startup* List-it, que faturou 600 mil reais em 2019. O cliente seleciona no aplicativo List-it os materiais escolares que precisa. O aplicativo encaminha a lista para a empresa que vende os materiais e a empresa os entrega diretamente na casa do cliente.

Problema que identificou: os pais têm dificuldade de comprar materiais escolares.

Com oito anos de idade, o garoto norte-americano, **Joseph Hudicka,** criou dois jogos eletrônicos para o iPhone e os colocou à venda na *AppStore*. Ele pode ser considerado um dos mais jovens empreendedores de sucesso do mundo.

Problema que identificou: ele se inspirou na própria experiência. Não gostava dos jogos que conhecia e, então, resolveu criar outros.

Aos 17 anos, um estudante do Quênia, **Leroy Mwasaru**, criou um biorreator para converter resíduos humanos em biogás, um combustível limpo para a cozinha da escola que frequentava.

Problema que identificou: a escola que Leroy frequentava no Quênia, com mais de 700 alunos, tinha problemas no sistema de esgoto, que gerava mau cheiro e poluía o abastecimento de água.

O belga **Shubham Banerjee**, de 13 anos, criou uma impressora de braile inicialmente feita com Lego. Mais tarde, aperfeiçoou a impressora tornando-a mais eficaz e barata. A sua empresa cresceu e atingiu um valor de mais de dois milhões de dólares.

Problema que identificou: existem cerca de 280 milhões de pessoas com deficiência visual no mundo.

90% delas estão em países em desenvolvimento e não conseguem pagar os preços das impressoras disponíveis no mercado, que variam de US$ 2 a US$ 50 mil.

Sun Ming Wong, 17 anos, e **King Pong Li,** 18, de Hong Kong, desenvolveram uma maçaneta que mata 98% de todas as bactérias e vírus, vendida ao preço de 13 dólares.

Problema que identificaram: propagação de doenças.

Em Nova York, **Kenneth Shinozuku**, de 15 anos, criou sensores vestíveis para alertar quando o avô com Alzheimer caía da cama. Ganhou, recentemente, um prêmio científico de US$ 50.000.

Problema que identificou: insegurança das pessoas com Alzheimer.

Leanna Archer, de Nova Iorque, aos 8 anos, já fazia em casa os próprios produtos de beleza. Aos 13 anos, abriu uma empresa de produtos para cabelos, que faturou 100 mil dólares em 2007.

Problema que identificou: muitas pessoas precisavam de um produto para regenerar o cabelo.

FIM

MAPA DOS SONHOS

EXERCÍCIO PARA COLOCAR OS SONHOS NO PAPEL

Este anexo fala sobre o Mapa dos Sonhos, um exercício que sugere perguntas para aqueles que estão afoitos para saber como transformar sonhos, emoção, em algo real. O objetivo é somente **antecipar para o leitor o tipo de perguntas que terá que responder quando for abrir uma empresa.**

Não existe uma receita de bolo e as ações não seguem um fluxo linear. O que aqui está no começo, na execução, pode surgir no final para você. Viver e empreender se superpõem. Como na vida, a incerteza é a eterna companheira do empreendedor.

Com o propósito de fazer o exercício, o leitor poderá imaginar um produto, algo que tenha relação com seus sonhos. As perguntas ensinam mais que as respostas. Bom trabalho!

Autoconhecimento

- Você conhece as suas habilidades? Acredita que pode provocar mudanças, criar algo?

- Você se sente capaz de aprender sozinho? Está preparado para aprender com os erros que irá cometer?

- Pensando na empresa que deseja criar: você sabe o que quer e o que não quer, o que pode e o que não pode, o que sabe e o que não sabe? Quais recursos possui, quem você conhece que pode ajudar?

Sonho

- Pode descrever o seu sonho?

- O sonho se adapta ao seu eu, às suas preferências, ao seu jeito de ser?

- O sonho lhe fornece força suficiente para agir e persistir?

Nicho (parte do mercado)

- Para quem irá vender? Como identificar onde estão as pessoas que sofrem com problemas cuja solução fazem parte do meu sonho?

- Como irá se comunicar com essas pessoas?

Como encontrar um problema

- Conversou com pessoas do nicho em que vai atuar, seus

futuros clientes, e descobriu problemas que os atingem?

- Verificou se o valor que eles estão dispostos a pagar pelo produto viabiliza a sua empresa?

O produto

Quando alguém diz: tenho uma ideia, significa que encontrou um produto, a solução para um problema. A ideia de produto só é válida se as respostas às perguntas a seguir forem afirmativas:

- Satisfaz as necessidades dos clientes?

- Apresenta vantagens sobre os produtos existentes?

- A sua realização está ao alcance do empreendedor no que diz respeito aos seus recursos (financeiros, tecnológicos) e aos interesses pessoais? Muitas vezes, ideias são aproveitáveis por outros, não por quem as teve.

Criação do produto, inovação

- Você conhece profundamente os produtos da concorrência e sabe como são distribuídos?

- Você vai criar sozinho a solução para o problema (inovação) ou vai buscar ajuda de terceiros?

- Está preparado para lidar com os erros inevitáveis quando se inova?

Teste do produto

- Você fez um protótipo do produto?
- Os clientes ficaram fascinados com o produto?
- Os clientes deram sugestões? Foram incorporadas ou recusadas?

Recursos necessários

- Conseguiu prever todos os recursos necessários para criar o produto definitivo?
- Possui ou tem acesso aos recursos?
- Listou os recursos que já possui?

Redes

O empreendedor deve começar a tecer redes de relações desde a concepção da empresa. Redes são a principal fonte de apoio e aprendizado dos empreendedores. Você não conseguirá realizar o seu sonho sozinho.

Você conhece pessoas que podem ajudá-lo a:
- Criar uma solução para o problema (o produto)?
- Obter investimentos?

- Encontrar colaboradores?

- Acessar fontes de recursos?

- Produzir e oferecer o produto?

Modelo de Negócio

- Você fez um modelo de negócios (Canvas) para definir como vai entregar o produto ao cliente e como o dinheiro irá entrar no caixa da sua empresa?

Pitch (Liderança)

O *pitch* (uma apresentação da sua empresa/produto) tem várias finalidades. A mais usual é obter financiamento. Nele, o empreendedor descreve porque todos os envolvidos sairão lucrando.

- Você está em condições de apresentar a sua empresa em cinco minutos para investidores, sócios, colaboradores ou clientes?

Ética

- O seu sonho é útil para os outros, para a comunidade?

A criação da empresa

- Você já conseguiu os recursos para criar a empresa?

- Está em condições de gerenciar os recursos que conseguiu?

- Quando será possível ter o produto definido, testado e pronto para ser entregue ao cliente?

- Está preparado para suportar um fluxo de caixa negativo durante quantos meses?

- Erros são inevitáveis: está preparado para aprender com eles?

- Perdas suportáveis: você sabe o limite das perdas que poderá suportar caso não obtenha o retorno esperado?

Qual é o próximo sonho?

- O sonho realizado deixa de gerar a emoção na intensidade necessária para dar sentido à vida e contribuir para a autorrealização. Portanto, é preciso conceber o próximo sonho.

Lembretes para quem deseja criar uma empresa

- O **erro** pode ser considerado um amigo se o empreendedor for capaz de aprender com ele.

- Empreendedores **são articuladores de recursos** de toda ordem: pessoas, tecnologias, parcerias, recursos financeiros. Sozinho, o empreendedor está em péssima companhia. **Buscam insistentemente a colaboração de terceiros.**

- Um empreendedor não precisa ser **especialista no produto que irá vender.** Jeff Bezos, sem ser da área, criou a empresa aeroespacial Blue Origin.

- Marketing, gestão, finanças, produção etc. **são ferramentas usadas por empreendedores.** Gerenciar é essencial, mas é diferente de empreender.

- Uma forma de entender **a diferença entre capacidade empreendedora e capacidade de gestão é que** essa última pode ser comprada no mercado.

- A atividade do empreendedor, vista sob **a ótica da oportunidade, envolve três fases. 1: identificar um problema** cuja solução interessa a muitos (uma oportunidade); **2: agarrar a oportunidade** (criar uma solução, um produto inovador); **3: aproveitar a oportunidade** (buscar e gerenciar recursos para abrir a empresa). A terceira fase pode não ser a mais fascinante, mas é principalmente nela que o empreendedor mostra a sua competência. De que vale ter uma ideia, um excelente produto, se ele não é capaz de colocá-lo no mercado em condições favoráveis?

- O empreendedor deve descobrir, desenvolver e aplicar os próprios **talentos** na empresa. Talentos geram paixões, transformam o trabalho em puro prazer e mudam o mundo. Muitas vezes, a pessoa comum, dedicando-se ao que ama e ao seu talento, desperta a admiração dos outros.

- O **grau de aspiração** indicará qual a altura que a pessoa procura atingir. Um dito popular atribuído a Henry Ford dizia "se alguém pensa que pode, ou pensa que não pode, terá razão em ambos os casos". As nossas vidas são decididas quando escolhemos alçar voo ou ficar no chão.

- O empreendedor precisa da **liberdade para sonhar**, produzir, inovar, errar. Enfim, liberdade para decidir o que vai fazer. Na economia, essa liberdade é chamada de livre mercado. Todos os países que possuem economias fortes, à exceção da China, adotam o livre mercado.

- Os empreendedores **criam o futuro inovando**, lançando novos produtos e serviços. A inovação dinamiza e eleva a economia a patamares mais altos. **O novo substitui o velho** e faz com que todas as empresas do setor enfrentem o dilema: seguir a empresa inovadora ou desaparecer. É a **destruição criadora.***

- As crianças vivem o presente intensamente, o que é ótimo. Estimulá-las a empreender não se trata de fazer com que se preocupem com o futuro, mas de fazê-las entender que **devem agir hoje em função do que desejam** alcançar amanhã.

- Empreendedores acreditam na sua **capacidade de mudar algo no mundo.** A boa notícia é que se pode desenvolver a autoconfiança**. Na era em que vivemos, o que importa é a capacidade de solucionar problemas inovando. O empreendedor acredita que pode colocar a sorte e o destino a seu favor.

- **Empreendedorismo não é uma ciência**, é um campo de estudos.

- **Não é possível ensinar** alguém a ser empreendedor, **mas é possível aprender**. A família é um dos

---

* SCHUMPETER, Joseph Alois. *Capitalismo, socialismo e democracia.* Editora UNESP.

** ROTTER, Julian. *Development and Application of Social Learning Theory Selected Papers.* Editora Praeger Pub Text (dezembro 1982).

principais vetores de propagação da cultura.

- O conceito de empreendedorismo **nasceu na empresa e transbordou para todas as atividades humanas.** São empreendedores: artistas, professores, religiosos, pesquisadores, profissionais liberais e todos aqueles que, independentemente da área de atuação, **inovam e geram valores positivos para a sociedade.**

- Ao agir, o empreendedor utiliza um método diferente daquele usado quando se aplicam conhecimentos dominados. **No lugar de aprender para fazer, o empreendedor faz para aprender.**